全集

伝え継ぐ　日本の家庭料理

いも・豆・海藻のおかず

（一社）日本調理科学会　企画・編集

はじめに

日本は四方を海に囲まれ、南北に長く、気候風土が地域によって大きく異なります。このため各地でとれる食材が異なり、その土地の歴史や生活の習慣などともかかわりあって、地域独特の食文化が形成されています。地域の味は、親から子、人から人へと伝えられていくものですが、食の外部化が進んだ現在ではその伝承が難しくなっています。このシリーズは、日本人の食生活がその地域ごとにはっきりした特色があったとされる、およそ昭和35年から45年までの間に各地域に定着していた家庭料理を、日本全国での聞き書き調査により掘り起こして紹介しています。

本書では、いもや豆、海藻を使ったおかずを集めました。保存がきき、いつも台所にあってさまざまに利用されてきた、地味ながらも日本の食を支えてきた食材です。じゃがいもやさつまいも、里芋は煮たり焼いたり揚げたりするだけでなく、すりおろしてだんごやとろみづけにしたり、皮つきで煮てまるごと食べたりと、まったく無駄にしません。そのままでは食べられないこんにゃくいもからこんにゃくをつくる技も、家々で受け継がれていました。

田んぼの畔で自家用に栽培されていた大豆は、味噌や豆腐だけでなく、常備菜の煮豆やひたし豆になりました。いんげん豆は甘煮にすることが多く、そら豆も干して保存し、一年を通じて食べました。大豆が育ちにくい土地では落花生が煮豆や鉄火味噌になりました。

昆布を食べると髪の毛が黒くなるとか、毎月8のつく日にあらめを食べると病気予防になるなど、海藻は体調を整える食べものとして好まれました。寒天やえご、いぎすなどでつくる寄せ物は、手間をかけたハレの日の料理です。

聞き書き調査は日本調理科学会の会員が47都道府県の各地域で行ない、地元の方々にご協力いただきながら、できるだけ家庭でつくりやすいレシピとしました。実際につくってみることで、読者の皆さん自身の味になり、そこで新たな工夫や思い出が生まれれば幸いです。

2021年5月

一般社団法人 日本調理科学会 創立50周年記念出版委員会

目次

イラスト／武藤良子（目次、p120、122）

凡例

◎「著作委員」と「協力」について

「著作委員」はそのレシピの執筆者で、日本調理科学会に所属する研究者です。「協力」は著作委員がお話を聞いたり調理に協力いただいたりした方（代表の場合を含む）です。

◎ エピソードの時代設定について

とくに時代を明示せず「かつては」「昔は」などと表現している内容は、おもに昭和35～45年頃の暮らしを聞き書きしながらまとめたものです。

◎ レシピの編集方針について

各レシピは、現地でつくられてきた形を尊重して作成していますが、分量や調理法はできるだけ現代の家庭でつくりやすいものとし、味つけの濃さも現代から将来へ伝えたいものに調整していることがあります。

◎ 材料の分量について

・1カップは200mℓ、大さじ1は15mℓ、小さじ1は5mℓ。1合は180mℓ、1升は1800mℓ。

・塩は精製塩の使用を想定しての分量です。並塩・天然塩を使う場合は小さじ1=5g、大さじ1=15gなので、加減してください。

・塩「少々」は親指と人さし指でつまんだ量（小さじ1/8・約0.5g）、「ひとつまみ」は親指と人さし指、中指でつまんだ量（小さじ1/5～1/4・約1g）が目安です。

◎ 材料について

・油は、とくにことわりがなければ、菜種油、米油、サラダ油などの植物油です。

・濃口醤油は「醤油」、うす口醤油は「うす口醤油」と表記します。ただし、本書のレシピで使っているものには各地域で販売されている醤油もあり、原材料や味の違いがあります。

・「砂糖」はとくにことわりがなければ上白糖です。

・「豆腐」は木綿豆腐です。

・味噌は、とくにことわりがなければ米麹を使った米味噌です。それぞれの地域で販売されている味噌を使っています。

・単に「だし汁」とある場合は、だしの素材は好みのものでよいです。

・「落花生（乾燥）」は、収穫後さや（殻）ごと乾燥させてから、さやをむいたむき身のことで、非加熱です。産地などでは「生落花生」と呼ばれています。

・海藻、豆類は、基本的に乾燥加工したものです。

◎うま味と旨みの表記について

本書では、5つの基本味のひとつ*である「うま味（Umami）」と、おいしさを表現する「旨み（deliciousness）：うまい味」を区別して表記しています。

*あとの4つは甘味、酸味、塩味、苦味。

計量カップ・スプーンの調味料の重量 (g)

	小さじ1（5mℓ）	大さじ1（15mℓ）	1カップ（200mℓ）
塩（精製塩）	6	18	240
砂糖（上白糖）	3	9	130
酢・酒	5	15	200
醤油・味噌	6	18	230
油	4	12	180

いも

いもは食べごたえがあり保存もきき、米の補いとして日本の食を支えてきました。じゃがいもや里芋は小さないもも無駄にせず食べきり、さつまいもは干しいもで保存して煮物にしました。沖縄の田芋や滋賀の「秦荘のやまいも」の料理も紹介します。

〈青森県〉

いもすりだんご汁

県南地方では長いもでつくるすいとんがありますが、これはじゃがいもをすりおろしてつくるだんご汁で、三沢市の日常食です。すりおろしたじゃがいもと、そのじゃがいもを水でさらすうちに底に沈んだでんぷんとを混ぜるため、でんぷんのもちもち感とじゃがいもをすりおろした感じが相まった独特の食感になります。歯触りもよくくせがありません。この地域では、夏にじゃがいもからでんぷんをとることが行なわれてきました。でんぷんをつくる工程も楽しく、食材を大事にする生きた知恵を感じられます。

春から夏にかけて吹く偏西風（ヤマセ）などの影響で米が不作の年はじゃがいもを主食に、また、いもすりだんごは日常的に味噌汁の具にすることもありました。昔は、じゃがいもを水にさらさなかったため、だんごは黒ずんでいたそうです。鶏がらでだしをとり、鶏肉を入れたものは、遠方からの客へのもてなし料理でした。

協力＝大森美智子　著作委員＝真野由紀子

＜材料＞ 5人分

じゃがいも*…5個（700g）
かたくり粉…100〜150g
干し椎茸…5枚（12g）
にんじん…1本（160g）
ごぼう…1本（160g）
長ねぎ…1本（120g）
鶏もも肉…150g
だし汁（鶏ガラだしと椎茸の戻し汁）…1ℓ
醤油…大さじ4
塩…小さじ2/3
酒…大さじ2

*古いいもを使う場合は、含まれるでんぷんが少なくなっているため、かたくり粉を多くする。

＜つくり方＞

1 じゃがいもは、皮をむいてすりおろす（写真①、②）。
2 ザルに大きめのさらしを敷き1のいもを入れ、洗いながら水にさらす（写真③）。この際、最初にさらした水はボウルなどにとっておく。さらに水にさらし、褐変した水が出なくなるまで水をとり替える。
3 2のいもをさらしに包んだまま、水分が残る程度にしぼる（写真④）。
4 2のさらした水はしばらくおくとでんぷんが沈殿する（写真⑤）。上澄み液を捨てて、新しい水を加えてしばらくおき、再び上澄み液を捨てて、でんぷんをとる。
5 3のいもと4の分離したでんぷんとかたくり粉を混ぜ合わせ、ひと口大（4〜5cmの長丸）に丸める（写真⑥）。
6 5を沸騰したお湯でゆで（写真⑦）、浮いてきたら水にとる（写真⑧）。
7 にんじん、ごぼうはささがきにし、ごぼうは酢水（分量外）につけてアクを抜く。
8 干し椎茸は水で戻して薄切り、長ねぎは斜め薄切り、鶏肉はひと口大に切る。
9 だし汁にごぼう、椎茸、にんじん、鶏肉の順に加え、醤油、塩、酒で調味する。
10 材料に火が通ったら、いもすりだんごを入れ、ひと煮立ちしたら長ねぎを入れ、火を止める。

①

②

③

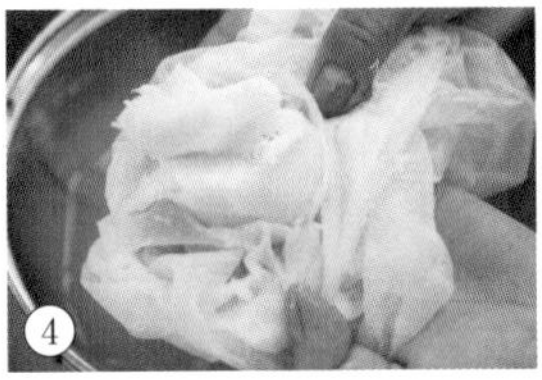
④

⑤

⑥

⑦

⑧

撮影／五十嵐公

〈福島県〉

味噌かんぷら

「かんぷら」は福島県の方言でじゃがいものこと。出荷に向かない小さなじゃがいもを皮のまま油で揚げ、味噌と砂糖をからめた料理で、農家を中心に食べられていたものが広がり、県内各地で親しまれています。油で揚げることで、皮がぱりっとして香ばしくなり、少し時間がたってもいものほくほく感が損なわれません。油がなじんだじゃがいもと甘味噌の相性もよく、甘じょっぱい味つけが喜ばれます。おかずとしてはもちろん、こじはん(午後の休みに食べるおやつ)にもなりました。切ったり皮をむく必要がないので、野良仕事で忙しい母ちゃんが、野良から戻ってばんげ(夕飯)の支度をする際に重宝しました。

只見町《ただみまち》は「しわいも」、国見町では「味噌じゃがいも」、飯舘村では「じゃがいもの味噌炒め」と呼ばれています。今は郡山市や福島市の直売所やスーパーで小いもが売られており、それを見つけると「味噌かんぷらつくろうかな」という気持ちになります。

協力＝石井友子
著作委員＝中村恵子

撮影／長野陽一

<材料> 6〜8人分

じゃがいも(直径2〜3cmの小いも)…500g
味噌、砂糖…各60g
油…適量

<つくり方>

1 じゃがいもは皮をつけたままよく洗い、少しかためにゆでるか蒸して火を通す。直接油で炒めてゆっくり火を通してもよい。
2 フライパンまたは鍋に多めの油を入れて、揚げるようにいもを炒める。竹串がスッと通るようになったら、余分な油を除く。
3 味噌と砂糖を加え、甘味噌がいもに十分からむよう、木べらで混ぜながら弱火で火を通す。

◎盛りつけてから刻んだ青じそなどをのせてもよい。

撮影／五十嵐公

<材料> 2人分

じゃがいも…2個（約200g）
小麦粉…大さじ5
卵…1個
水…大さじ2程度
パン粉…大さじ4
揚げ油…適量
中濃ソース…適量

<つくり方>

1 じゃがいもは皮つきのまま蒸す、またはゆでる。
2 皮をむき、食べやすい大きさ（3cmの角切り程度）に切る。
3 小麦粉に卵と水を加えてトロッとしたかたさにし、じゃがいもをくぐらせる。
4 **3**にパン粉をつける。
5 揚げ油を熱し、中温できつね色になるまで揚げる。ソースをかける。

いもの天ぷら。じゃがいもは1cmくらいの厚さに輪切りにする。小麦粉と卵、水で衣をつくりじゃがいもをくぐらせる。中温の揚げ油でからっとなるまで揚げる

〈栃木県〉

いもフライ

いもフライは県南西部の佐野市でとくに好まれており、市内には多くの専門店があります。家庭でもよくつくられます。この地域ではただ「いも」というと普通は里芋を指しますが、なぜかいもフライ、いもの天ぷらというときの「いも」はじゃがいもです。

ルーツは昭和初期、縫製工場の女工さん相手の移動販売です。ふかして竹串に刺した大量のいもやパン粉に、かまどや薪、揚げ鍋までもリヤカーに載せて、その場で揚げて売っていました。それが安価で手早く食べられ腹持ちがよいおやつとして、家庭にも広まっていきました。家では、串に刺さずにバラバラに揚げる場合が多いです。

いもフライに欠かせないのがソースです。佐野は名水の地でもあり、その水と地元の農産物を使って、明治の中頃から6軒ほどのソース製造業者がありました。少し甘めで野菜の旨みがたっぷり詰まった濃厚なソースで、いもフライがいっそうおいしくなります。佐野近辺では天ぷらや焼売にもソースをかけることがあります。

著作委員＝藤田睦、名倉秀子

〈群馬県〉

くろこのねぎ味噌揚げ

くろこは、じゃがいもからでんぷんをとったあとのしぼりかすからつくる、嬬恋村《つまごいむら》伝統の保存食品です。高原野菜で有名な嬬恋村は昔、じゃがいもが収入源で、江戸後期からじゃがいもでんぷん（かたくり粉）が村の大きな産業となっていました。明治2年の大凶作から、しぼりかすも食材として利用するようになりました。

しぼりかすを秋から翌春までコモなどでおおって野外に放置すると、厳しい寒さで凍結し、春になると微生物の作用で発酵します。これを網の袋に入れて桶の中の水でもみ洗いし、桶に沈んだものを小さくにぎって天日に干したものがくろこです。食べるときは水で戻してそば粉を加え、昔は揚げずに囲炉裏《いろり》の灰の中で焼き上げました。

80歳を超える方々は、米や小麦がとれない貧しい農村の食べものだったと話しますが、95％が不溶性食物繊維であることがわかっており、常温で長期保存に耐える健康食品として現在は見直されています。

協力＝嬬恋村くろこ保存会
著作委員＝堀口恵子、高橋雅子

撮影／高木あつ子

＜材料＞ 4人分

- ┌ くろこ（乾燥）…100g
- └ 水…210mℓ
- そば粉…50g
- 味噌…20g
- 長ねぎ…50g
- 揚げ油…適量

くろこ。これ自体に味はない。9割以上が食物繊維ででんぷんを含まないので、でんぷんを含むそば粉や小麦粉を加えて利用している

＜つくり方＞

1 くろこは、水を加えてペースト状にする。
2 ねぎをみじん切りにする。
3 1にそば粉、味噌、ねぎを加えてよく混ぜ、スプーンですくって170℃の油で2～3分揚げる。

◎揚げる前の生地は、天ぷらの衣くらいのやわらかさ。

◎残ったねぎ味噌揚げは、味噌汁や豚汁に入れるともちっとした食感と油のコクが出ておいしい。

かっちり

〈石川県〉

撮影／長野陽一

<材料> 4人分

じゃがいも（小粒のもの）…600g
砂糖…180g
醤油…75mℓ
酒…大さじ1

<つくり方>

1 じゃがいもは皮ごと煮るので、丁寧に洗う。
2 鍋にじゃがいもを入れ、砂糖、醤油、酒を加えて、落とし蓋をして弱火にかける。
3 ぐつぐつ煮えてきたら焦がさないように、様子をみながらときどき鍋をゆすり、3時間くらいかけてじっくり煮つめる。
4 汁けがなくなり、じゃがいもの皮がしわしわになればできあがり。

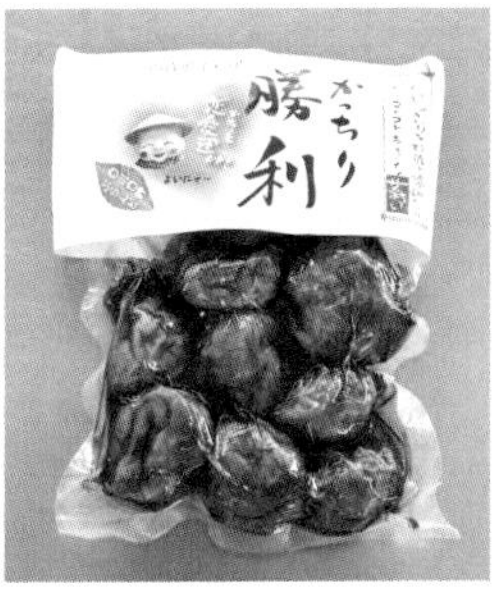

縁起のよい「勝利」の字をあてた市販品のかっちり

コロコロの、直径2〜3cmほどの小さなじゃがいもを皮つきで丸ごと煮たものです。水やだし汁はまったく入れず、醤油と砂糖、酒少々で甘辛く味濃く煮こんだ郷土料理で、じゃがいもが「かしぐ」（皮がしわしわになる）ように仕上げます。外はパリッと香ばしく、中はしっとりとしてほくほくとやわらかく、あとを引く一品です。「かっちり」という名は、かぶりついたら「かちっ」と音がするくらいの食べ応えのある食感からとも、冷めると甘辛く煮た表面がかたくなることからともいわれています。

県南の霊峰白山の麓《ふもと》に位置する白峰地区は、白山への登山口として知られています。かつては田んぼがなく、焼畑で小麦、大麦、ひえ、あわ、豆類、いも類などがおもな食糧でした。もう捨てないといけないような古じゃがいもの、それもごく小さいものもかっちりにするとおいしく食べられます。お盆には必ず食べられました。今は小さいじゃがいもがあれば一年中いつでもつくられています。

著作委員＝川村昭子、中村喜代美

〈富山県〉

てんころ料理

富山市南西部の山田地区は、標高100mから1000mの間に集落が点在し、棚田や森林が広がる中山間地域です。昼夜の温度差が大きい高原地帯でつくられるじゃがいもは、煮くずれしにくくおいしいと評判で、今では「牛岳《うしだけ》高原馬鈴薯」として県内有数の産地になっています。

山田地区では、じゃがいものことを「てんころいも」といい、じゃがいもの煮ころがしを「てんころ料理」といいます。てんころいもの中でも、出荷できないピンポン玉くらいの小さなものを「ちぼいも」といい、ちぼいもを無駄なくおいしく食べる料理として、皮つきのままゆでて味濃く煮しめてきました。老若男女を問わず好まれる甘辛い味で、軽食やおやつなどで喜ばれる人気の一品です。日常の料理ですが、近年では素朴な山里の味として村おこしにも一役買っています。

県南西部で、岐阜県の白川郷と接する五箇山《ごかやま》地区では、よく似たじゃがいもの煮ころがしを「かっちり」と呼んでいます。

協力＝浅名睦子
著作委員＝中根一恵、深井康子

<材料> 8人分

じゃがいも（直径約3cm）…1.5kg
油…25g
砂糖…100g
醤油…110g
みりん…90g

<つくり方>

1 じゃがいもをよく水洗いし、皮つきのまま塩を少々（分量外）入れて10分ゆでる。
2 ゆで上がったじゃがいもは湯きりする（写真①）。鍋に油をひき、じゃがいもを入れ強火で炒める。
3 2に砂糖、醤油を入れて、中火にする。鍋を持ち上げてゆすっては火にかける動作を煮汁がねっとりするまで繰り返す（写真②、③）。
4 最後にみりんを入れ、汁けがなくなるまで鍋を動かし照りを出す（写真④）。

◎まとまった量でつくると味がよくからみ、おいしく仕上がる。

①

②

③

④

撮影／長野陽一

〈山梨県〉

せいだのたまじ

県最東部・上野原市の日常食ですが、祭りのときにも供されます。河岸段丘の地形と水利に恵まれないことから、水田は少なく、陸稲、雑穀、麦類、いも類などをおもに生産してきました。いわれは、江戸時代に甲府代官の中井清太夫《なかいせいだゆう》が九州からじゃがいもを運んで栽培させ、飢饉《ききん》を乗り越えたことからじゃがいもを「せいだいも」と呼ぶようになったとされ、「たまじ」は小ぶりのいもを指します。

6月にできる新じゃがいもは水分が多いため、味がしみにくくおいしくできません。秋に収穫した小さめのいもを1月から2月まで縁の下においておき、糖分が増えたものでつくるのがおいしいのです。このようないもは今は入手しにくく、祭りの際は日本のどこかで収穫された小さいじゃがいもでつくっています。以前は囲炉裏で時間をかけて煮ていました。煮つめると味噌が黒くなりますが、それがまたおいしく、今もおかずにもおやつにも食べられています。

協力＝尾形桂子、前澤悠紀子、石川美鈴
著作委員＝時友裕紀子

撮影／高木あつ子

<材料> 5〜6人分

じゃがいも（小粒）…25個（約500g）
油…適量
水…2カップ
砂糖…20g
みりん…大さじ1
味噌…25g
ごま…適量

<つくり方>

1 じゃがいもは皮つきのまま、きれいに洗う。
2 鍋に油を熱し、じゃがいもを皮が縮んだ状態になるまで炒める。余分な油はふきとって除く。
3 水、砂糖、みりん、味噌を加え、じゃがいもがやわらかくなるまで弱火で煮つめ、最後にやや弱めの中火にして余分な水分を飛ばす。
4 器に盛り、好みでごまを指でつぶしながら散らす。

◎じゃがいもを油で炒めるのが大変なときは素揚げするとよい。昔は手づくりの味噌と砂糖だけでつくっていたが、コクやうま味が出て照りがよくなるので、今はみりんを入れることが多い。

撮影／長野陽一

＜材料＞ 4人分

じゃがいも…400g
あぶらえ（えごま）…40g
砂糖…20g
醤油…小さじ2
みりん…小さじ1と1/2

＜つくり方＞

1 じゃがいもをよく洗い、皮つきのままゆでて、中までやわらかくなったら、熱いうちに皮をむき、ひと口大に切る。
2 乾いたフライパンにあぶらえを入れ、弱火で焦げないようにゆすりながらから炒りする。あぶらえが2〜3粒パチパチとはじける程度になったら、火を止める。
3 2を熱いうちにすり鉢に入れ、油が出るまでよくする。
4 3に砂糖、醤油、みりんを加えてさらによくする。
5 1を加えて木べらで和え、器に盛りつける。

〈岐阜県〉

あぶらえ和え

ゆでた熱々のじゃがいもを、あぶらえ（えごま）味噌で和えます。油が出るまでよくするのがおいしくつくるポイントで、なめらかな味噌がほくほくのいもによくからみ、深いコクを加えます。明治初期の飛騨の暮らしを記した「斐太後風土記《ひだごふどき》」には、じゃがいもを串に刺しあぶらえのたれをつけて囲炉裏《いろり》で焼く「串芋」を食べていた様子が描かれています。

飛騨ではごま和えや白和えよりも、あぶらえ和えの方がよくつくられ、現在でも、一年を通して日常的に食べられています。じゃがいもだけでなくほうれん草や里芋など、身近な野菜やいもを和えます。ふだんの料理でもあり、祭りや、浄土真宗の祖、親鸞聖人《しんらんしょうにん》の徳をしのぶほんこさま（報恩講《ほうおんこう》）などのごっつぉ（ごちそう）としても出されます。おはぎや五平もちにもあぶらえの衣やたれが使われるなど、飛騨の食事にあぶらえは欠かせません。高山市内では江戸時代から続く「宮川朝市」が毎日開かれており、そこでもあぶらえは必ず売っていて、手軽に手に入ります。

協力＝幅節子　著作委員＝長屋郁子

〈長野県〉

いもなます

寺の町・飯山市の代表的な精進料理で、江戸時代から冠婚葬祭などに出されていました。でんぷんをとり除いたじゃがいものシャキッとした歯ざわりが特徴で、市の無形民俗文化財に認定されています。じゃがいものせん切りに手間がかかるため、昔からハレの日につくられてきました。せん切りはスライサーなどの道具ではなく、包丁で細く切るとおいしくできます。できばえはいもをせん切りにする腕で決まります。初めの薄切りを丁寧にやれば切りやすく、見た目がきれいです。

せん切りにしたいもは水に一晩、最低2時間はつけて、完全にでんぷんを抜きます。でんぷんが残っているとシャキシャキとした食感が出ません。できたてではなく、少し冷まして味をしみこませて完成です。切り方や水にさらす時間は家庭によってさまざま。仏事でないときは、色合いをよくするためににんじんを入れることもあります。

協力＝池田玲子、木原喜美子
著作委員＝中澤弥子

<材料> 約6人分

じゃがいも*…中3個
油…大さじ4と1/2
酢…大さじ4と1/2
砂糖…大さじ6
塩…小さじ3/4

*同じ大きさのいもを選ぶと、せん切りにした際に長さがそろい、美しく仕上がる。

<つくり方>

1 じゃがいもは皮をむき、細いせん切りにして水を張ったボウルにとり、水を替えながら最低2時間以上水にさらしてでんぷんをとり除く（写真①）。
2 さらしたじゃがいもをザルにとってしっかり水をきる（写真②）。
3 鍋に油を入れて熱し、じゃがいもを入れて（写真③）全体に油が回ったら（写真④）酢を入れ、さっと混ぜたあと、砂糖、塩の順に加える。
4 中火にしてじゃがいもにシャキッとした歯ざわりが残り、水分が少し残るくらいまで炒める。

撮影／高木あつ子

〈徳島県〉

でこまわし

四国山地の中腹に位置する山間部、祖谷《いや》地方で食べられている味噌田楽です。祖谷では昭和30年代まで夏でも囲炉裏《いろり》を使っており、でこまわしも囲炉裏で焼きました。串の上からじゃがいもが頭、豆腐が胴体、こんにゃくがスカートのようで、回しながら焼く様子が人形浄瑠璃の木偶《でく》人形（でこ）を回すように見えたことから「でこまわし」と呼ばれています。

水はけがよく涼しい祖谷で育った在来のじゃがいもはごうしいもといい、小ぶりでねっとりとした食感です。にがりを効かせた石豆腐はずっしりと重く濃厚な味で、串に刺してもくずれません。これらに長い間ねかせたコクのある赤味噌、砂糖、醤油、山椒を混ぜたたれをつけ、囲炉裏のゆるい火でじっくり焼き上げると、香ばしく、えもいわれぬ味わいです。以前は豆腐もこんにゃくも自家製で手がかかったので、法事などの特別な日のごちそうで、いつでも食べられるものではありませんでした。

協力＝南敏治、南文恵、伏平隆繁
著作委員＝近藤美樹、長尾久美子

囲炉裏について

かつては囲炉裏の四隅から中央に向けて生木の丸太をおき、そこにでこまわしの串をもたせかけて焼いていました。乾燥した薪はすぐに燃え尽きてしまいますが、生木を使うとじんわりと火がつくので火が絶えないのです。

現在は囲炉裏のある家はほとんどなく、囲炉裏で焼く光景は観光客向けの旅館やレストランで見られます。家庭では左ページの写真のように串を刺すために八つの穴があいた専用の調理器具「串焼きろばたコンロ」で焼いています。

＜材料＞ 4人分

ごうしいも*…4個（80g）
こんにゃく…1/4個（80g）
石豆腐**…1/4丁（200g）
赤味噌…大さじ2弱（30g）
醤油…小さじ1（6g）
砂糖…大さじ1と1/2（13g）
山椒の葉（生葉）…1枚
好みでにんにく、七味唐辛子…適量

＜つくり方＞

1 ごうしいもは竹串がゆっくりと刺さるかたさになるまでゆでてから皮をむく。こんにゃくは三角形に切ってゆでる。石豆腐は厚めの短冊になるよう四つに切る。
2 できあがりが「でこ」の形になるように、20cmくらいの竹串に、下からこんにゃく、豆腐、いもの順に刺す。こんにゃくはスカートの形に見えるよう、鋭角を上にして刺す。
3 すり鉢に味噌、醤油、砂糖と好みでにんにくのすりおろしを入れてすりこぎであたる。そこに刻んだ山椒の葉と好みで七味唐辛子を加えて、さらによくすり、味噌だれをつくる。
4 囲炉裏の灰に串を刺し、ときどき回しながら炭火で焼く。表面に焼き色がついてきたら、味噌だれをハケで塗り、再び回転させながら焼いて、表面が乾いてきたらできあがり。

◎炭火で焼けない場合は、アルミホイルの上にたれをつけた串をおき、オーブントースターなら15分、グリルなら中火10分、オーブンなら180℃で10分ほど焼き色がつくまで焼く。もしくはあらかじめ裏返しながら表裏を焼いたあと、味噌だれを塗って再び焼くとよい。

*祖谷在来のじゃがいも。普通のじゃがいもより小さく楕円形をしている。粘質性のねっとりとしたいもで、炊いたり串に刺したりしてもくずれにくいのが特徴。普通のじゃがいもを使う場合は、1個を四つくらいに切って使う。

**祖谷でつくられている特産品で1丁が800gほどある。にがりを多めに入れて固めているのでかたく、水分量が少ない。市販の木綿豆腐を使う場合は、しっかり水きりをして下ゆでをしたものを使い、水きり後の重量が200gになるように用意する。

祖谷でとれたこんにゃくいもからつくったこんにゃく。そばがらの灰からとった灰汁を使うとおいしいので、好んで利用される

撮影／長野陽一

〈愛媛県〉

ヒューヒューいも

四国山地に囲まれた、久万《くま》高原町の冬から春先にかけての日常食です。稲作より畑作がさかんで、地域固有のじゃがいも、地いもがとれます。冷涼な気候のため、いもは芽が出にくく保存がききます。名前の由来は、いもを調味料とからめて煮つめている際、皮と中身がほぐれてしわができ、「ヒューヒュー」という音がすることからで、じゃがいものしわ煮とも呼ばれます。地いもを使うと一般のいもよりねっとりしておいしくでき、ゆでてアク抜きすることで、えぐみもとれます。

醤油などを入れず、いりこだしだけで炊いたり、砂糖がぜいたく品だった時代には、塩だけで調味したりすることもありました。山椒は入れなかったり、代わりにゆずを削って入れたり、家庭によって味が違います。農繁期などの忙しいときにはたくさんつくっておくと、朝も昼もおかずになります。昔は、囲炉裏の自在かぎに鍋をかけて夜なべに煮ていたそうです。

協力＝小倉広子、大野君江、小川蔦子
著作委員＝香川実恵子

＜材料＞ 6人分

小さいじゃがいも(1個20gまでのもの・地いも*)…600g
山椒の実（乾燥）…1〜2g
砂糖…60g
醤油…1/4カップ
みりん…1/2カップ

*久万高原町でとれる地域固有のじゃがいもで、大きくなっても5×4cm、40gほどの小ぶりで、粘りけが強く、煮くずれしにくいのが特徴。

左はキタアカリで右は地いも。地いもは小さいキタアカリで代用してもよい

＜つくり方＞

1 じゃがいもはひたひたの水で皮ごとゆでる。沸騰後10分くらい、竹串が刺さる程度まで。ゆですぎると皮がむけるのでゆですぎないようにする。ゆでるとアクが抜ける（写真①）。ザルで水きりをする。

2 山椒はフライパンで軽く炒り、すり鉢で粗くすりつぶす（写真②）。よい香りがしてくる。

3 砂糖、醤油、みりんを鍋に入れる。強火で沸かし、1のじゃがいもを皮がやぶれないように手で入れ、木べらでからめる(写真③、④)。泡が大きくなってきたら弱火にする（写真⑤）。あまり混ぜすぎない。

4 汁けが少なくなってきたら火を弱めてさらに煮る（写真⑥）。煮ている途中に皮と中身がほぐれて皮にしわができ、ヒューヒューと小さな音がする。しわが出てきたら、できあがり（写真⑦）。

5 器に盛りつけ、冷えて粘りが出てきた煮汁をかけ、食べる前に2の山椒をふる。

◎じゃがいもが皮つきで、味がしみこみにくいため、煮汁の味は濃いめにする。塩だけで煮ることもあり、塩で味つけしたものは塩煮、味噌味にしたものは、みそいもと呼ばれる。

撮影／五十嵐公

〈青森県〉
ねりこみ

さつまいもやにんじん、こんにゃく、油揚げを煮てかたくり粉でとろみをつけた料理です。赤飯や茶碗蒸しと同様、甘く仕上げるのが津軽地方ならでは。さつまいもを必ず入れるのが特徴で、普段は家で育てたさつまいもを使いますが、なくなったときは買い求めてつくったそうです。砂糖が入ることで具材がキラキラと照り、色とりどりの食材で華やかになります。ちょうどよいとろみがついたねりこみは、熱くても冷めてもおいしく、結納や結婚式、田植えのときに欠かせないごちそうとして親しまれてきました。

昔の田植えは手作業で、長い間水につかって疲れるので、小昼（おやつ）にとろみのついた甘いねりこみを出すと喜ばれました。ねりこみによって家の味を評価されたため、お嫁さんは他の家の田植えを手伝うたびにその家のねりこみを食べ、必死で味つけを学んだそうです。西北津軽や下北では、つぶ（貝）を入れて豪華にしました。

協力＝森山千恵子、工藤良子
著作委員＝安田智子、下山春香

撮影／五十嵐公

<材料> 5人分

さつまいも…1本（200g）
にんじん…50g
角こんにゃく…75g
油揚げ（大あげ）…1/3枚（20g）
枝豆…10粒
水…1ℓ
ザラメ…25〜35g
塩…小さじ1弱（5g）
醤油…小さじ1
かたくり粉、水…各大さじ1〜2

<つくり方>

1 さつまいもは大きめの乱切り、にんじんは小さめの乱切り、こんにゃくは乱切り、油揚げは三角に切る。さつまいもは水につけ、こんにゃくは下ゆでする。枝豆はゆでてさやから外す。
2 鍋に分量の水とにんじんを入れて中火にかける。沸騰して1、2分したらさつまいもとこんにゃく、油揚げ、ザラメを加えて火が通るまで煮る。
3 野菜がやわらかくなったら塩を加える。味見をして甘味が足りなければザラメをさらに少し加える。味が調ったら、香りづけ程度に醤油を加える。水溶きかたくり粉を加えてとろみをつける。水分が多く残っている場合はかたくり粉を多めに入れ、とろみを調整する。器に盛り、枝豆を散らす。

◎以前はこぞって甘く仕上げたが、今では昔ほど砂糖を入れず、ほんのり甘い味つけにするのが主流になっている。

撮影／長野陽一

＜材料＞ 4人分

干しいも…200g
水…適量

＜つくり方＞

1 干しいもにひたひたの水を入れて火にかけ，やわらかくなるまで煮る。かたい干しいものときは、しばらく水につけてから火にかける。

◎おかずとして食べるときは塩少々を加え、おやつとして食べるときは砂糖を加えてもよい。

干しいもの煮物

〈埼玉県〉

入間地方山間部で日常的に食べてきたもので、いもはやわらかくほんのり甘味があります。調査した飯能市名栗は平地が少ないため米がつくれず、自家用に小麦や大豆、野菜をつくってきましたが、さつまいもは商業用にも栽培されてきました。一度に大量にとれるいもを腐らせないように乾燥させて保存し、大切に食べる料理です。いもは生のまま、または蒸してから乾燥したり、縦切りや輪切りにしたりといろいろな処理の仕方があります。乾燥しすぎたかたいいもも、煮るとやわらかくなります。

生のまま干したいもを煮ると、つけ汁がビールみたいな色になります。何度も水を替えて火にかけてもまたアクが出るので、ゆでこぼしてゆっくりと煮ました。生のまま干して粉にしたいもはだんごにしました。ベーキングパウダーと砂糖を入れてにぎって蒸すと真っ黒になります。今食べるとあまりおいしいと思いませんが、昔はおいしく感じました。

協力＝町田雅子、田島住江
著作委員＝島田玲子

〈徳島県〉

干しいもと小豆のいとこ煮

県内各地でつくられている干しいもと小豆のいとこ煮です。ご飯が足りないときには、ご飯の代わりやおかずとして食卓に上りました。味つけは塩だけですが、少しの塩けで干しいもの甘味や小豆の風味が引き立ちます。寒い時期や農作業で疲れたときに食べると元気が出ました。おやつにするときは、砂糖を加えて甘く炊き上げます。甘い菓子類が身近になかった頃は重宝するおやつで、子どもたちの大好物でした。

以前は11月頃になると、どの家でもゆで干しや生干しいもをつくり、いとこ煮や天ぷらにしたり、大根と煮たりして年中使いました。ゆで干しは、皮をむいてスライスしたいもの中心に穴をあけ、わらを通してから大きな釜でゆでます。これをカラカラになるまで軒下で干して缶やビンで保存し、夏土用には再度天日干しをします。そのまま食べてもおいしく、子どもの頃、軒下につるしてあるのをだまって食べて叱られたという人もいます。

協力＝服部貴江、那賀町ヘルスメイト
著作委員＝高橋啓子

撮影／長野陽一

<材料> 4人分

干しいも*…200g
小豆…120g
塩…小さじ1/5(1.2g)

*今回はさつまいもをゆでてから干したもの(ゆで干し)を使ったが、ゆでずに生で干したもの(生干し)を使ってもよい。

<つくり方>

1 鍋に小豆とたっぷりの水を入れて一晩おく。
2 翌日火にかけ、沸騰したらゆでこぼして、3カップほどの水を加えてやわらかくなるまでさらにゆでる。ザルにあげて水けをきる。
3 鍋に干しいもといもがひたるくらいの水を入れ、いもがやわらかくなるまで30分ほど水につける。
4 火にかけ、串を刺したときにスッと通るくらいやわらかくなったら、2の小豆と塩を加えて弱火で水分がなくなるまで煮る。

撮影／長野陽一

<材料> 4人分

さつまいも…2〜3本（500g）
青ねぎ（太めの青ねぎ、葉ねぎ）
…120g（多くてもよい）
醤油…大さじ1と1/3（25g）
砂糖…大さじ2と1/4（20g）
だし汁（いりこ）…250mℓ

<つくり方>

1 さつまいもは皮つきのまま、1.5cm厚さの輪切りにする。
2 ねぎは5cmの長さに切る。
3 鍋にだし汁とさつまいもを入れ、やわらかくなるまで煮る。
4 調味料を加えて3分ほど煮て、仕上げにねぎをのせてさっと煮る（写真①）。

①

〈徳島県〉

さつまいもとねぎの煮物

県南の太平洋に面した地域で、昔からよくつくられてきた家庭料理です。さつまいもも青ねぎも自家用畑に植えている家庭が多く材料が手に入りやすいため、簡単に手早くつくれ、おかずになる料理として親しまれてきました。

意外に思うかもしれませんが、さつまいもと青ねぎは相性がよいものです。さつまいもをやわらかく煮て調味料を加え、ねぎをのせてさらに煮ると、火の通ったねぎの甘味といもの甘味、砂糖と醤油の甘辛味の味つけが相まって、さつまいもだけを煮るよりおいしくなります。

ねぎは炊くとかさが減るので、多めに入れるといいと教わりました。写真のようにさっと煮ると、ねぎは色鮮やかでシャキシャキ。もう少し煮ていると、トロッとやわらかくなり、よりねぎの甘さが感じられ、どちらもおいしいです。子どもの頃から食べている地元の人は、家でつくるのに材料や調味料を量ったことはなく、そのときのさつまいもの甘さで味つけを加減するそうです。

協力＝豊崎淑子　著作委員＝後藤月江

〈長崎県〉

ヒカド

　長崎市は江戸時代、数少ない貿易港として出島を持ち、外国への玄関口として発展してきた都市です。ヒカドは江戸時代初期に渡来した南蛮料理の一つで、今も長崎市の家庭でつくられ、県内の給食でも提供されています。とろみづけにかたくり粉ではなく、さつまいもをすりおろして使うのが特徴で、さまざまな食材からの旨みが感じられます。秋から冬の寒い日につくられる料理で、すりおろしたさつまいものとろみで温かく、材料が細かく切ってあるので食べやすい、おいしい汁に仕上がります。

　ヒカドとは「細かく切る」を意味するポルトガル語です。江戸時代中期の料理本には、唐料理として紹介され、あひる(または鴨)、いか、えび、大根が用いられています。長崎の旧家に伝わるヒカドはこれと少し異なり、あひるをしび(まぐろ)に代え、さつまいもを具ととろみの両方に使います。南蛮料理が長崎の味、庶民の味に変化した過程が見えます。

協力＝脇山順子
著作委員＝石見百江、冨永美穂子

<材料> 4人分

- ブリ(またはヒラス*)の切り身…40g
- 塩…ひとつまみ
- 鶏肉**…40g
- 大根…60g
- にんじん…20g
- 干し椎茸…8g(4枚)
- 水…3と1/2カップ
- さつまいも(具用)…70g
- さつまいも(すりおろし用)…70g
- 小ねぎ…少々
- 煮干し(かえり)…20g
- 塩…小さじ3/5
- うす口醤油…小さじ1
- 酒…大さじ1

*ヒラマサの地方名。

**豚の塊肉を使うこともある。

<つくり方>

1 干し椎茸を分量の水につける。つけ汁はとっておく。
2 ブリは1.5cm大の角切りにし、塩をしてゆでる。
3 鶏肉は1.5cm大の角切りにする。
4 大根とさつまいも(具用)は1.5cm大の角切りにする。
5 1の椎茸とにんじんは1cm大の角切りにする。
6 椎茸のつけ汁に煮干し、鶏肉、大根、にんじん、椎茸を入れてひと煮立ちさせる。
7 4のさつまいもを加えてやわらかく煮る。
8 ブリを加えて調味料を入れる。
9 さつまいも(すりおろし用)をすりおろして鍋に加え、混ぜてとろみがついたら火を止める。
10 器に盛り、ねぎの小口切りを散らす。

撮影／長野陽一

〈熊本県〉

がね揚げ

まわりを海に囲まれた天草地方は水田が少なく、さつまいもは米の代わりにもなる重要な作物でした。主食やおかず、おやつとしてさまざまな料理に利用されており、がね揚げもその一つです。できあがった姿が「がね」(天草の方言でかにのこと)の足に似ていることからこう呼ばれています。せん切りにしたさつまいもとしょうがに砂糖を入れた衣をつけて低温でじっくり揚げると、ほくほくと甘いさつまいもとしょうがの風味、ほんのり甘い衣がよく合い、格別の味わいです。

法事では精進料理として大きく揚げたがね揚げが食べられていました。大人数分つくるので、近所の人たちで集まり、さつまいもを切るのは女性、外で揚げるのが男性と役割分担している地域もありました。昭和10年頃までは、家や畑のまわりの椿からとった「かたし油」を使ってがね揚げをつくることもありました。かたし油は味がよく独特の香りがあり、からりと揚がりますが、貴重なものだったので、ハレの日だけに使いました。

協力＝宮崎寛子　著作委員＝小林康子

撮影／戸倉江里

＜材料＞ 4人分

さつまいも…2本 (400g)
しょうが…1かけ (10g)
揚げ油…適量

【衣】

小麦粉…100g
卵…1個
砂糖…大さじ4
塩…小さじ1
水…60mℓ

＜つくり方＞

1 さつまいもの皮をむき、太さ8mm〜1cmの拍子木切りにして、水にさらす。
2 衣の材料をさっと混ぜる。
3 1のさつまいもの水分をペーパータオルでふく。
4 2の衣に3とせん切りしたしょうがを加えて、まんべんなく衣をつける。
5 4をしゃもじなどにのせてカニのように形を整え、160℃の油でじっくり揚げる。

◎せん切りのしょうがのほか、にんじんのせん切りやにんじんの葉を入れて一緒に揚げてもおいしい。

がね
〈鹿児島県〉

県全域でつくられている、さつまいもを使ったかき揚げです。「がね」は鹿児島の方言で、かにのこと。できあがりがかににそっくりな姿だったので名づけられました。中には今にも歩き出しそうなものもいて、愛嬌のある料理です。

　必ず入れるのがさつまいもで、あとはある食材を使います。そのため、いもだけ、しょうが入り、ごぼう、にんじんとの組み合わせもあれば、衣もそば粉のみ、小麦粉のみ、もち粉と小麦粉、砂糖入り、卵入りと家庭によってさまざまです。あきがこないので一年中食べられ、甘さを調節するとおやつにも副菜にもなります。とくにお年寄りには、しょうがと砂糖をたっぷり入れた昔ながらのがねが人気だそうです。

　シラス台地が多く、土地がやせている鹿児島では、どんなところでも育ち収穫量が多いさつまいもが栽培され、江戸時代の飢饉や戦時中には蒸したりゆでたりして主食としてきました。がねをつくって日常的に食べられるのも、平和な時代だからといえるでしょう。

協力＝池野桐子　著作委員＝木之下道子

撮影／長野陽一

＜材料＞ 4人分

さつまいも…1/2本（100g）
ごぼう…1/4本（40g）
にんじん…1/4本（40g）
にら…1/3束（30g）
しょうが…1/2かけ（10g）

【衣】

A
- 小麦粉…60g
- もち粉*…20g
- 水…60〜80mℓ

B
- 砂糖…大さじ1
- 塩…小さじ2/5
- うす口醤油…小さじ1
- 地酒（灰持酒）**…小さじ1

揚げ油…適量

*もち粉を入れるとべたつき感が少なくなり、サクサク感が続く。腹持ちもよい。

**濃厚な甘味とうま味の、みりんにも似た鹿児島の伝統的な酒。

＜つくり方＞

1 さつまいもは皮をむき、5mm角で長さ5cmの拍子木切り、ごぼうは3cmのそぎ切りにする。さっと水にさらして水をきる。
2 にんじんはさつまいもより少し短めのせん切り、にらは3cm長さ、しょうがはせん切りにする。
3 衣のAの材料を合わせ、耳たぶよりかための生地をつくる。
4 3の生地にBの調味料を加え、1と2の材料を入れてよく混ぜる。
5 油を低温（約150℃）に温める。しゃもじに4をのせ、形を整えながらゆっくり油にすべりこませ（写真①）、両面をじっくり揚げる。
6 味がついているので、何もつけずに食べる。

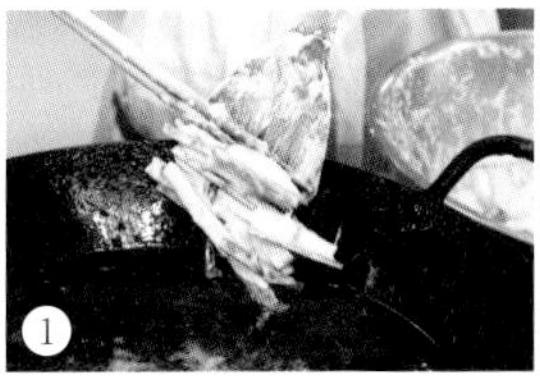

①

〈沖縄県〉

ンムクジプットゥルー

ンムクジとはンム（いも＝甘藷《かんしょ》）のでんぷんです。プットゥルーとは炒め物の中でも水分が多く、やわらかい仕上がりのものです。だしで溶いたでんぷんを多めの油で熱し、くずもちのようにまとめた料理で、コクがあり、食べごたえもしっかりして、小腹を満たすにはちょうどよいものです。日常のおかずやおやつとして、また胃腸の調子が悪いときにつくったりもしました。甘藷のでんぷんを使った塩味の料理は珍しいのではないでしょうか。味噌味でつくることもあります。独特な食感と素朴な味わいがあり、沖縄がンムを主食としていた歴史が感じられ、現在でも好まれています。ンムクジチャンプルーと呼ぶ地域もあります。

戦前から戦後数年まで、米は滅多に食べられず主食はンムでした。ンムは、シンメー鍋（大鍋）に大量に炊きます。お膳にンムを山盛りにし、おかずは少量でンムは好きなだけ食べました。ンムクジも手づくりで台風等に備えて保存していました。

協力＝知花智草、松田トヨ
著作委員＝喜屋武ゆりか

＜材料＞ 4人分

ンムクジ（甘藷でんぷん）…1カップ
だし汁（かつお節）…3カップ
にら…1/3束（30g）
塩…小さじ1
油…大さじ3

ンムクジは完全な粉末ではなく、小さな塊になっているが水にすぐ溶ける

＜つくり方＞

1 にらは5mm長さに切る。
2 ンムクジをだし汁で溶く。にら、塩を加える（写真①）。
3 フライパンに油を熱する。ンムクジはすぐ沈殿するので2を混ぜながら一度に入れる（写真②）。木べらでかき混ぜながら強火で加熱する。次第に白濁から透明になる（写真③、④、⑤、⑥）。
4 練りながら加熱を続け、全体が透明になってまとまりツヤがでてきたらできあがり（写真⑦）。

◎好みで2でツナ缶やアラレ切りにしたかまぼこを入れてもよい。

撮影／長野陽一

〈栃木県〉

いも串

いも串は、秋祭りや収穫祭でよくつくられます。里芋をゆでたり蒸しただけの「ゆでいも（ひょっこりいも）」もおいしいですが、蒸して串に刺し、あぶって味噌だれをつけると、甘いいもに香ばしさが加わり、ぬめりもなく食べやすいごちそうになります。手間をかけ、手前味噌と季節の香味で工夫した家々の味がありました。

栃木県は里芋の生産量が全国でも五本の指に入ります。煮物や汁もの、いも飯や、ゆでたいもとだんごをあんこで和えた「いもちゃのこ」など多様な里芋料理があります。米不足のときには代用食となり人々の命をささえ、普段から日常の食生活に欠かすことができず、多くの郷土料理となりました。そんな重要な食材であったため、祭礼の儀式にも使われ定着しています。「米の霊力」と同様に「里芋の霊力」が信じられてきたようです。日光市の生岡《いきおか》神社では、子どもの強飯《ごうはん》式が行われ、大人が子どもに山盛りのご飯とゆで里芋を食べさせられる儀式があります。

協力＝藤生恵子、湯澤敏子、中山陽加
著作委員＝名倉秀子、藤田睦

撮影／五十嵐公

<材料> 4人分

里芋…400g
味噌だれ
- 味噌…100g
- 砂糖…80g
- みりん…60g
- 季節によりゆずまたは山椒の葉…適量

<つくり方>

1 里芋は、たわしで洗い、包丁の背で外皮をこそげとる。薄皮は残す。傷んだところを除いて、ザルにあげて1〜2時間陰干しをする。
2 蒸し器にひと口大に切った里芋を並べて入れ、串が通るまで13〜16分ほど蒸す。
3 里芋をザル、または皿などにとって冷ます。冷めたら串に2〜3個を刺す。
4 3を炭火やオーブンで焼き、いもの両面に焦げ目をつける。
5 味噌だれをつくる。味噌、砂糖、みりんを鍋に入れ弱火で温めながら混ぜる。とろみが出るくらいになったら、すりおろしたゆず、または、みじん切りにした山椒の葉を加えて仕上げる。
6 4のいもに味噌だれをかけて軽くあぶってできあがり。

撮影／五十嵐公

＜材料＞ 4人分

里芋（小さめ）…20個
塩…大さじ1
黒ごま…少々

＜つくり方＞

1 里芋はよく洗い、皮つきのまま鍋に入れる。かぶる程度の水を加え、塩も加えて20〜30分ゆでる。
2 ゆで上がったらザルにあげてあら熱をとり、上から1/3ほどのところにぐるりと軽く切りこみを入れ、上の部分の皮をむく。
3 器に盛り、ごまをふる。

◎塩を入れずにゆで、醤油をつけて食べてもおいしい。冷めたら温め直すとよい。

ひょっくりいも

〈神奈川県〉

小さい里芋の塩ゆでのことで、皮はむかずにそのまま器に盛ります。やわらかくゆでた里芋の皮を指で押し出すと、白いいもがひょっくりと顔を出すことから、ひょっくりいもと呼ばれています。塩味のきいたいもはあきがこず、手軽にできるので、農繁期のお中飯《ちゅうはん》（昼食と夕食の間の間食）に好まれました。今も酒のつまみやおやつとして人気で、人寄せに使ったりします。おかずにするときは皮をむき、刻んだゆずの皮と味噌、砂糖を加えたゆず味噌で和えると、香りがよく喜ばれます。

ひょっくりいもには、出荷できない小さい里芋やくずいもを使います。木桶に掘り上げた里芋を入れ、水を入れて板（洗濯板のようなもの）で回して洗い、あとはゆでるだけ。小さいいもは皮を包丁でむくと食べるところがなくなりますが、ゆでてからむくと無駄がありません。品種によって味わいが違い、八つ頭の子いもが、ホクホクとして甘味がありおいしいそうです。

協力＝山田洋子
著作委員＝小川暁子

〈福井県〉

里芋のころ煮

里芋の食感をもっとも生かす料理です。煮くずれせず、きれいに照りが出ると、見るからにおいしそう。食べると身がしまって噛みごたえがあり、食感はねっとりとしています。煮含めるだけの料理ですが、上手な人のころ煮は見事なものです。コツは皮をむかずにこそげとることだそうです。

県東部の内陸で石川県や岐阜県と接する大野市は「上庄里芋《かみしょう》」が有名です。山に囲まれて積雪が多く、寒暖差と豊かな土と水はけのよい扇状地がおいしい里芋を育てるといいます。今でもこの地域のホームセンターには、里芋洗い用の水車が売られています。家の脇の用水路に設置し、水車の回転でいもを洗います。その後、乾燥させると、包丁でむかなくても皮が簡単にとれるのです。古い洗濯機をいも洗い用にすることもあるそうです。里芋は冬の間の貴重な食料であり、秋から春祭りにつくるいも赤飯、報恩講《ほうおんこう》につくる里芋と小豆のいとこ煮など、行事食にも利用されてきました。

協力＝齋藤博子、梅崎すみ子、笹島友子
著作委員＝谷洋子、佐藤真実

撮影／長野陽一

＜材料＞ つくりやすい分量

里芋…1kg
醤油…75mℓ
水…2カップ
三温糖…大さじ5
上白糖…大さじ2
みりん…1/2カップ
酒…1/2カップ

＜つくり方＞

1 里芋は洗い、包丁の刃を使って皮をこそげとる（写真①）。薄皮を残す。
2 鍋に水、里芋、砂糖、醤油、みりん半量、酒を入れる。中火にかけて煮汁が煮立ったら弱火にして落とし蓋をし、1時間ほど煮る。
3 火を止めて1時間ほど休ませる。
4 さらにゆっくり1時間ほど弱火で煮こみ、煮汁がなくなったら、残りのみりんをふりかけ、鍋ごと揺り動かして照りを出し、火を止める。
5 1日おいて、鍋をあおりながら温め、さらに照りをつける。

◎時間がない場合は**3**を省略し、煮汁がなくなるまで2時間ほど煮る。

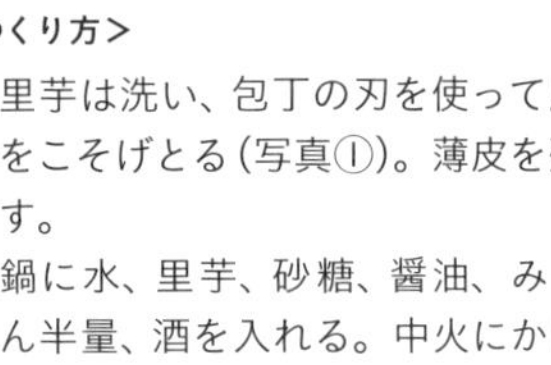

撮影／高木あつ子

＜材料＞4人分

里芋…8個程度（400g）
小ダイ（キダイ）…1尾（約250g）
だし汁（昆布）…4カップ
塩…小さじ1弱（5g）
うす口醤油、酒…各小さじ1
ゆずの皮…少々

キダイ（レンコダイ）は地元ではバンジロ（飯代）と呼ばれる。昔は米の飯は高価で、安価なキダイをご飯の代わりにしたといわれる

＜つくり方＞

1 小ダイを直火であぶるかオーブンで焼き（220℃で10分程度）、中まで火を通し表面に軽く焦げ目をつける。身を大きくほぐし、骨をとり除く。
2 里芋は皮をむき、大きいものは半分に切る。一度ゆでこぼし、だし汁で弱火で煮る。このとき小ダイの骨を布袋に入れて一緒に煮るとよくだしが出る。
3 里芋がやわらかくなったら骨をとり出し、塩、醤油、酒で味を調え、小ダイのほぐし身を加え、ひと煮立ちさせる。
4 器に里芋を盛り、その上にほぐし身をのせ、せん切りにしたゆずの皮を天盛りにする。

〈島根県〉

いも煮

小鯛を焼いたあぶり鯛のだし汁でつくるいも煮は、西部地域の津《つ》和《わ》野《の》町を代表する家庭料理です。具は里芋と鯛のほぐし身だけとシンプルですが、魚のうま味が出た薄味のだし汁とゆずの香りが、里芋のおいしさを引き立てます。

いも煮の主役である里芋は、青《あお》野《の》山《やま》南山麓の笹山地区の特産です。青野山は津和野のシンボルともいえる、お椀をかぶせたような美しい山で、笹山地区は火山灰土壌と豊富な湧き水に恵まれているため、きめは細かいが煮くずれせず、粘りの強い里芋が昔からつくられてきました。

古くは江戸時代から、人々が集まって、山麓の紅葉を眺めながらいも煮を食べるいも煮会を楽しんでいたそうで、天神山と呼ばれる松林山《しょうりんざん》の天満宮には、大きな鉄鍋でいも煮をつくる様子を描いた古い絵馬が残っています。現在は皆が集まっていも煮会をする機会は少なくなりましたが、家庭で、また、祭りなどの酒盛りの場の一品として親しまれています。

協力＝宮本美保子、服部やよ生、金高梅子、大場郁子　著作委員＝石田千津恵、藤江未沙

〈岡山県〉

親いものいとこ煮

里芋の親いもと小豆でつくるいとこ煮です。いとこ煮は地域により小豆とかぼちゃやさつまいも、里芋などいろいろな材料でつくられます。食材がかたくて煮えにくいものから追い追い煮るところから「おいおい＝甥甥＝いとこ」と名付けられたなどといわれます。

このいとこ煮は親いもでつくります。親いもの「えぐみ」がおいしいのだそうです。子いものねっとりした食感にくらべると、ほくほくした煮上がりになり小豆とよく合います。小豆が多ければ多いほどおいしく仕上がります。

調査地は県北部の山間地域で、鳥取県境で標高700mの高地に位置し、冬期は積雪が2mを超えることもある豪雪地帯です。生活環境は厳しいですが豊かな自然に恵まれています。山奥で過ごす冬の夜、煮えたてのいとこ煮を食べるとほくほくとした感触で体も温まり最高においしかったと聞きました。いとこ煮は一度にたくさんつくり、大皿に盛り、近所にも配り、秋から冬の間に何度も食べるそうです。

協力＝小椋隆子　著作委員＝藤井わか子

撮影／長野陽一

<材料> 4〜5人分

里芋（親いも）…400g
小豆…1カップ
水…4〜6カップ×2回
砂糖…2/3カップ
塩…少々

<つくり方>

1 里芋は皮をむき、乱切りにし、塩でもんで洗い、アク抜きをする。
2 小豆は洗い、鍋に分量の水を入れ、煮立ったらゆで汁を捨てる。再び同じくらいの水を入れて、中火から弱火で沸騰を保ちながら、指でつぶせるぐらいのかたさになるまで30分ほどゆでる。
3 2に砂糖と塩を加え、その上に1の里芋を入れ、弱火で30〜40分、里芋がホクホクにやわらかくなるまで煮る。火を止め、全体をざっくりと混ぜ、器に盛る。

◎煮汁がほとんどなくなるので、焦がさないように注意する。

〈大分県〉

いも田楽

県西部に位置する日田市大山町《おおやま》では、「いも」といえば里芋を指すくらい、生活に密着した食材です。以前は晩秋に収穫した里芋は、崖の斜面などを利用して掘った「いもがま」にもみ殻を敷いて保存しておき、田楽や煮物、だんご汁など、翌年の春までさまざまな料理に使っていました。

日頃は農作業などで忙しく、串に刺して焼いて食べる機会はなかなかありませんでしたが、秋の収穫祭では多くの人が家に集まるので、炭をおこして串を並べて田楽をふるまいました。炭おこしや竹串づくりは男衆が行ない、田楽味噌をすり鉢ですったり串にいもを刺すのは子どもが手伝うなど、大勢で一緒に準備しました。直火の遠火で素材をじっくり温めながら、味噌に軽く焼き目をつけることによって、香ばしくやわらかな田楽に仕上がります。縁側のある広間に集まった人たちは、大皿に盛られた田楽やがめ煮、鯖ずしなどのごちそうを食べながら楽しいひとときを過ごしました。

協力＝松原喜美子、江川みどり、矢田久美子
著作委員＝高松伸枝

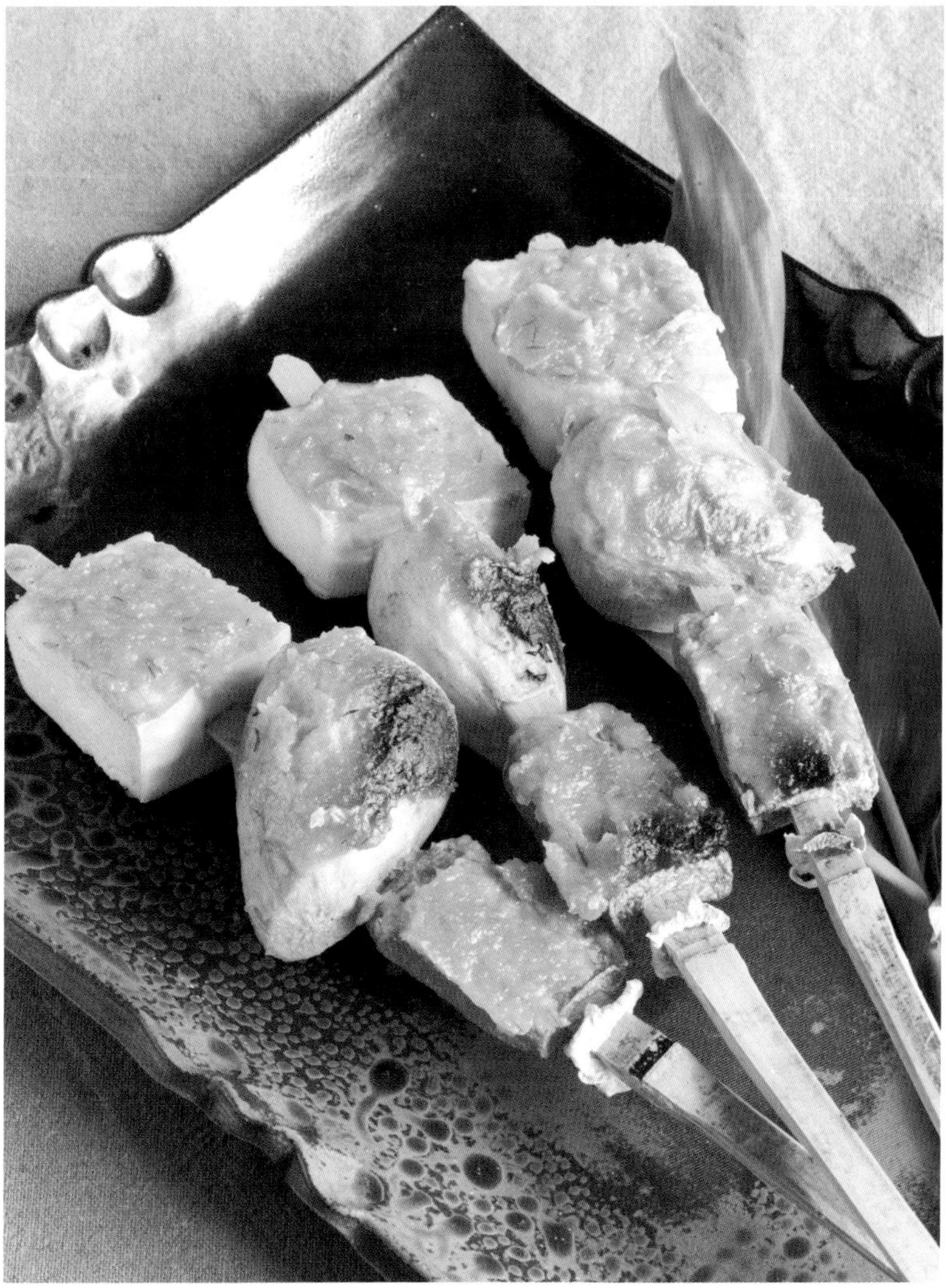

撮影／戸倉江里

＜材料＞ 10串分

里芋…10個（500〜600g）
塩…小さじ2
こんにゃく…1丁（300g）
豆腐*…1丁（400g）
田楽味噌**…90〜120g
大根…適量

*かための木綿豆腐を使う。

**麦味噌1kgに対し、砂糖220g、酒1/2カップを用意し、すり鉢に入れてすりこぎで混ぜてつくる。味噌の味によって砂糖の量は加減し、味見をして少し甘辛い味になっていればよい。たくさんつくって常備しておき、その都度必要な分だけ使う。春なら木の芽、冬ならゆずの皮を入れても楽しめる。

＜つくり方＞

1 炭をおこす。
2 里芋は皮をむき、小さいものならそのまま、大きいものなら半分に切る。豆腐は厚さ2〜3cm、縦横5cm程度の四角形、こんにゃくは厚さ2〜3cm、縦5cm横3cmの長方形になるように切る。大根の先で薄めの輪切りを10枚つくり、大きいささがきのような切り落としをひとつつくる。
3 鍋に湯を沸かし、塩を入れて里芋をゆでる。串がスッと刺さる程度に火が通ったらザルにあげ、水けをきる。
4 別の鍋でこんにゃくと豆腐もさっとゆでてザルにあげ、水けをきる。
5 竹串に輪切りの大根、こんにゃく、里芋、豆腐の順に刺す。大根は焼くとちぢんで食べられないが刺しておくことでこんにゃくや里芋が下にずり落ちるのを防ぐ。
6 炭火にかけて少し焼き、表面が乾いたら、大根の切り落としをハケ代わりにして、田楽味噌を薄く塗る。味噌に軽く焦げ目がついて色が変わってきたら火からおろす。

◎炭火で焼けない場合は、200℃のオーブンで味噌に焦げ目がつくまで焼いてもよい。

〈宮崎県〉
のたいも

里芋をつぶして和え衣をつくり、その衣で里芋を和えます。ねっとりとした口当たりとごま風味の甘辛味噌味がおいしい料理で、県内で広く食べられています。宮崎県は里芋の生産量が全国で三本の指に入るほど多く、のたいもは秋の収穫時などにつくられてきました。

使うのは出荷できないような小いもで、きれいに洗って皮ごとゆで、熱いうちに皮をつるっとむきます。こうすると里芋がふわっと仕上がるのです。包丁で皮をむいてからゆでても同じになりません。

今回紹介したのは日南市ののたいもで、里芋をすりつぶす衣用と、切って具にするいもに分けてつくります。都城《みやこのじょう》では、昔はゆがいた里芋とたれを丁寧に混ぜましたが、今はかけて食べることも多いそうです。いもんぬた、いも田楽と呼び、お盆に欠かせない料理です。川南《かわみなみ》町では上からかけるたれに酢が入るので、里芋の酢味噌和えと呼びます。このように地域によってつくり方は違いますが、どれも里芋のぬた料理です。

協力＝崎村ミサヲ、井元弘子、矢越ミノリ、山本まきえ　著作委員＝篠原久枝、長野宏子

撮影／高木あつ子

＜材料＞ 4人分

里芋…400g
砂糖…大さじ2
麦味噌…大さじ2
白ごま…大さじ2

＜つくり方＞

1 里芋は皮つきのまままきれいに洗って鍋に入れ、かぶるくらいの水を入れ、水からゆでる。
2 竹串がすっと通るくらいのやわらかさにゆで上がったら、ザルにあげ、布巾などで里芋を包んで熱いうちに皮をむく。
3 里芋の半量は和え衣用に、残り半量はあとから混ぜ合わせる用に分ける。
4 すり鉢にごまの半量を入れ、よくする。
5 味噌、砂糖を加え、なめらかになるまでする。
6 和え衣用の里芋を熱いうちに入れて、さらによくする。
7 残り半量の里芋を1〜1.5cm大に切り、6とよく和える。
8 皿に盛り、仕上げに残りのごまをふる。

◎里芋の皮に1周、包丁目を入れておくと、ゆで上がったあと皮をむきやすい。

撮影／五十嵐公

＜材料＞ 4人分

えびいも…3個
にんじん…小1/2本（60g）
油揚げ…2枚
だし汁（コクのあるもの。二番だしでよい）…150mℓ
砂糖…大さじ2
酒…大さじ2/3
醤油…大さじ1*

*好みで増やしてよいが、だしをきかせて薄味にするとえびいものおいしさが生きる。

掘り上げたえびいも。親いもに子いもと孫いもがついている。手前は子いもで、これがえびいもとして流通する

＜つくり方＞

1 えびいもの皮をむき、食べやすい大きさに切る。
2 にんじんはいもより少し小さめに、油揚げは1枚を8等分に切る。
3 えびいもをさっと水で洗ってぬめりをとり、にんじんとともにだし汁でやわらかくなるまで煮る。
4 油揚げと調味料を加えて煮て、味をつける。

◎ちくわ、こんにゃく、ごぼう、椎茸、鶏肉、イカなどと煮合わせてもよい。

〈静岡県〉

えびいもの煮物

県西部の磐田《いわた》市では昔から、里芋の中でもえびいもの栽培がさかんで、生産量は全国一です。天竜川の東側は上流から運ばれた山々の豊富な栄養分により肥沃で、なおかつ保水性がよいので、昭和20年頃から乾燥を嫌うえびいもが栽培されてきました。

えびの尾のように曲がった形としま模様が特徴で、他の里芋に比べしっとりとやわらかいのにしっかりした肉質で、ボリューム感があります。一般に里芋はふきこぼれを防ぎ味をしみこみやすくするために、塩もみやゆでこぼしを行ないますが、えびいもは切ったあと洗い流すだけで煮る方が旨みが逃げません。味は濃くしすぎず、だしをきかせて薄味にするといもの風味を味わえておいしいものです。上等ないもはほとんどが関西や首都圏の高級料理店に出荷されるので、地元ではえびいも（子いも）の親や孫を食べることも多く、秋祭りや正月が近づくと、このときばかりはえびいもを買い求めるそうです。

協力＝猪原寿美子、松島健夫
著作委員＝神谷紀代美

〈沖縄県〉

ドゥルワカシー

里芋の仲間で独特の粘りがある田芋《たいも》（ターンム）と、その茎（ずいき）であるムジに、豚肉や椎茸などを加えて練り上げた料理です。田芋のねっとりした食感とムジのとろみに豚肉とかつお節、干し椎茸のだしが合わさり味わい深い一品になっています。料理名の由来は「泥をわかす」で、田芋が鍋でフツフツと煮える様子から名づけられたなどといわれています。

沖縄には田芋を使った祝い料理がいろいろあります。揚げ物、沖縄風きんとんや炊きこみご飯に使い、ムジは汁ものなどにして食べられます。その中でドゥルワカシーは手間がかかる分、口にする頻度は少ないですが、食べるとしみじみおいしく感じられます。

田芋はきれいな水が豊富なところでつくられ、湧水が多い本島北部の金《きん》武町や中部の宜野湾市大山などが栽培に適しています。近年は後継者不足で生産量も縮小の傾向にありますが、年末年始になると多くの人が田芋を買い求める風景は今でも変わりません。

協力＝浦崎米子
著作委員＝名嘉裕子、田原美和

＜材料＞ 4人分

田芋（蒸し）…大1個（300g）
ムジ（田芋のずいき）
　…中5〜6本（200g）
豚肩ロース肉（塊）…100g
干し椎茸…2枚
カステラかまぼこ*…40g
グリーンピース（冷凍）…少量
だし汁（豚肉のゆで汁＋かつおだし）
　…1と1/2カップ
塩…小さじ1/2〜
油…大さじ1

*魚のすり身と卵を合わせて蒸したもの。

上左から椎茸、ムジ、カステラかまぼこ。下左から田芋、グリーンピース、豚肉

田芋（蒸したもの）

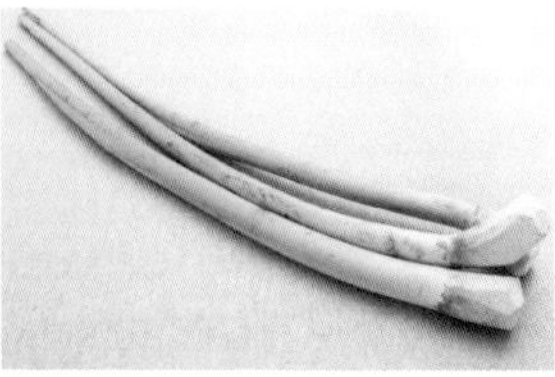

ムジ。根元には小いもがついている。この小いもも使うことがある

＜つくり方＞

1 豚肉はかぶるくらいの水（分量外）と一緒に火にかけ、火が通るまでゆでて、5〜8mm角に切る。ゆで汁はだしとして使用する。
2 水で戻した椎茸とカステラかまぼこは5〜8mm角に切る。
3 ムジは筋をとり、4cmの長さに切ってしばらく水につけてアク抜きをして、やわらかくなるまでゆでて水けをしぼる。ムジは素手で扱うとかゆくなるのでビニール手袋をする。
4 田芋は皮をむいて2cm角に切り、沸騰した湯に入れて5分ほどゆでてザルにあげる。
5 鍋に油を熱し、1の豚肉、2の椎茸、カステラかまぼこ、3のムジ、4の田芋の順に加え炒める。
6 全体に油がまわったら、田芋をつぶしながらだし汁を少しずつ加えて練り上げる（写真①、②、③、④）。全体に粘りが出てまとまってきたら塩で味を調える。
7 器に盛り、解凍したグリーンピースを飾る。

◎田芋（蒸し）はゆでることでアクが抜け、よりやわらかくなり調理がしやすくなる。

撮影／長野陽一

〈滋賀県〉

秦荘《はたしょう》のやまいものとろろ汁

秦荘のやまいもは、琵琶湖の東に広がる愛知郡愛荘町（旧秦荘町）で約300年前から栽培されている近江の伝統野菜です。すりおろすと箸で持ち上げられるほどの強い粘りがあり、だし汁でのばして食べると、無骨な見た目とは裏腹に、上品な甘味とふわふわとした舌ざわりが楽しめます。栄養価が高く、昔から薬になるといわれたり、滋養強壮に効く食べものとされ「山のうなぎ」ともいわれていました。

粘土質の土壌を好む秦荘のやまいもは、秦荘のなかでも安孫子《あびこ》、北八木《きたやぎ》、東出《ひがしで》という限られた地域のみで栽培されています。栽培方法も特殊で、水田につくった高畔に1年かけて育てた種いもを植え、1年後に掘り起こして選別します。連作を嫌うため、別の水田に植え替えてさらに1年。3年かけてようやく収穫できます。もともとは各家庭で育てていましたが、昭和50年代に販売を目的に形のいいいもを種いもとして残すようになり、県内外で伝統野菜として販売されるようになりました。

著作委員＝小西春江

撮影／長野陽一

＜材料＞ 4人分

秦荘のやまいも*…200g
だし汁（かつお節）…480mℓ
うす口醤油…小さじ2
焼きのり…1/3枚

*滋賀県愛荘町でつくられている20～30cmの長さの山芋。表面にごつごつしたこぶのあるのが特徴。

＜つくり方＞

1 秦荘のやまいもはたわしか包丁の背でこすって皮をこそぎ、酢水につけ、さっと洗って水けをきる。
2 すり鉢で円を描くようにこすりつけながらすりおろし、すりこぎでさらによくする。
3 2に温めただし汁を少しずつ加えながら溶きのばし、醤油を加えて味を調える。器によそい、細切りにしたのりを散らす。ご飯にかけて食べる。

◎3でだし汁と一緒に溶き卵を加えて混ぜてもおいしい。

本書に登場する豆

豆とは、マメ科植物の種子(子実)のことをいいます。
枝豆やさややいんげんのように未成熟の種子や
さやを食べることもありますが、
ここでは、完熟した種子を食べる豆を紹介します。

撮影／五十嵐公

ダイズ

マメ科ダイズ属。原産地は中国とする説が有力。たんぱく質が豆類の中で最も多く約35%、脂質は20%。見た目や用途によって種類が分けられている。

青大豆

皮が緑色。独特の甘味や香りがある。煮豆よりひたし豆にされることが多い。

→p47ひたし豆

えのみ大豆

茶大豆のことで、よごれ大豆ともいう。愛媛県今治市の在来種。

→p54五目豆

インゲンマメ

マメ科インゲンマメ属。中央アメリカ原産。ダイズやラッカセイと違い、50%以上が炭水化物で、海外では主食として利用されていることも多い。日本では煮豆や甘納豆に利用される。

金時豆

インゲンマメ種。大正金時、北海金時などの品種がある。鮮やかな赤紫色。煮豆や甘納豆にする。

→p58煮豆

銀不老《ぎんぶろう》

インゲンマメ種。皮は黒くてつやがあり、やわらかい。すしの具にもされる。高知県大豊町の在来種。

→p60銀不老の煮豆

紫花豆

ベニバナインゲン種。豆は大きく黒と薄紫の模様。寒さに強く、高冷地、寒地で栽培される。

→p61花豆の甘煮、p62花ジュウロクの煮豆

ラッカセイ

マメ科ラッカセイ属。南アメリカ原産。おもな成分はたんぱく質と脂質で、それぞれ25%、50%を占める。

→p66落花味噌、p67ゆで落花生、p68落花生の煮物、p69落花生の煮豆、p70にごみ、p72落花生豆腐

ソラマメ

マメ科ソラマメ属。空豆、蚕豆とも書く。原産地は中近東といわれる。今は未成熟の豆を食べるが、かつては乾燥した子実を菓子や味噌、醤油の原料にもした。乾燥用の豆は現在ほとんど栽培されておらず、おもに海外産。

→p63そら豆のこふき、p64醤油豆

ササゲ

マメ科ササゲ属。熱帯アフリカ原産。若さやは野菜として、赤い乾燥種子は赤飯に使われる。炭水化物が50%以上。

白みとり豆

皮はクリーム色でほぞが黒か褐色。パンダ豆、黒目豆とも呼ばれる。三重県北勢地域の伝統食材。

→p65白みとり豆と里芋の煮物

協力／大豊町銀不老生産組合(高知県)
参考文献／『ソラマメの絵本』『インゲンマメの絵本』『ラッカセイの絵本』『ダイズの大百科』(農文協)

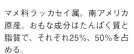

豆

大豆、いんげん、花豆、ささげ、そら豆、落花生を使った甘いおかずからしょっぱい常備菜まで並びます。大豆は打ち豆や生大豆粉といった加工品、枝豆の料理も登場。落花生は煮たり、乾燥そら豆は炒ったり、また地方の在来種の豆もさまざまに利用されています。

〈北海道〉

昆布と大豆の煮物

北海道で大豆栽培が始まったのは江戸時代のことで、道南で栽培されていたという記録があります。その後、道央、十勝へと栽培は広がり、現在は空知、十勝、上川地域を中心に栽培され、生産量は全国1位を誇ります。

大豆は多くの家庭で保存されており、同じく北海道の産物である昆布と一緒に煮て、日持ちのする常備菜をつくりました。聞き書き調査をした家では、大豆は昆布と煮ると早くやわらかくなると母親が話していたそうで、昔は、だしに使った真昆布をとっておいて、たまったら大豆と一緒に鍋に入れ、ストーブの上にのせていました。やわらかく甘めに煮えた大粒の大豆と昆布はおかずとして重宝されたのはもちろん、おやつ感覚で食べられ、お茶うけにもなりました。

大豆と一緒に煮る食材はそのとき家にあるものを用いることが多く、昆布のほかに身欠きにしんを入れたり、野菜と煮て五目豆にする家庭もありました。炒った大豆と甘味噌をからめた鉄火味噌もよくつくられました。

協力＝山塙圭子
著作委員＝菊地和美、土屋律子

撮影／高木あつ子

<材料> 4人分

- 大豆…3/4カップ(100g)
- 水…大豆の2〜3倍量

昆布*…長さ20cmを3本
酒…大さじ2
みりん…大さじ1
砂糖…大さじ4
醤油…大さじ1弱

*だしをとったあとの昆布でもよい。

<つくり方>

1 鍋に大豆と水を入れ一晩おく(夏は5〜6時間、冬は7〜8時間)。
2 昆布は水で湿らせて1cm幅に切る。
3 1の鍋を、大豆をつけておいた水ごと火にかける。沸騰したら火を弱め、大豆がやわらかくなるまでゆでる。途中、浮いてくるアクをとり除く。
4 汁が減ってひたひたになったら、昆布とすべての調味料を加えて中火で煮る。
5 汁が少なくなったら火を止め、そのまま冷まして味を含ませる。

◎密閉容器に入れて冷蔵庫で保存すると5日程度もつ。

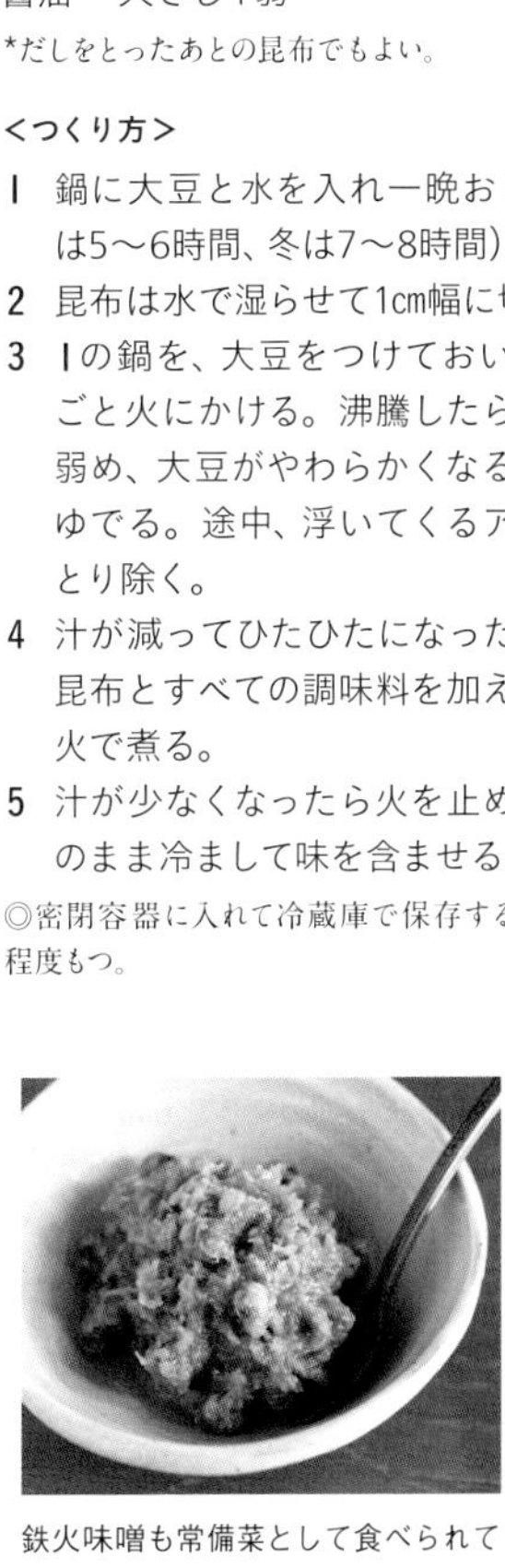

鉄火味噌も常備菜として食べられてきた

〈北海道〉

ピリ辛大豆

油で揚げた大豆をピリ辛の調味液に漬けこんだ常備菜で、大豆に酸味と辛みがしみこみ、やや歯ごたえのある大豆は噛みしめるほどに旨みが感じられます。十勝地方は大豆の生産量が多く、本別《ほんべつ》町や音更《おとふけ》町などでは収穫した豆を自然乾燥させる「豆ニオ」の光景が今も見られます。大豆はさまざまな料理で食べられ、家庭によってはこのように油で揚げる料理も昔からつくられてきました。

大豆は、水で戻したらゆでずに揚げます。つくり方を聞くと驚く人もいますが、しっかり火を通すので香ばしく、豆の青臭さはありません。ゆでないので手間がかからず、日持ちがよく酒の肴や弁当のおかず、また、ビンに詰めて近所へのおすそわけに重宝されました。

昔は外にある土づくりのかまどで調理していたそうです。大きな鉄鍋に白絞油《しらしめゆ》を入れて大豆を揚げ、穴あきしゃもじですくい、調味液に混ぜます。大豆がプツプツとはねて油が飛び散るので、子どもたちは離れて見ていたそうです。

協力＝村田ナホ、浦木明子
著作委員＝村上知子

撮影／高木あつ子

<材料> 4人分

大豆…70g（約1/2カップ）
小麦粉…大さじ4
揚げ油…適量
長ねぎ…1/2本（50g）
しょうが…1かけ（15g）
赤唐辛子…1本
調味液
- 醤油…大さじ1と1/2
- 砂糖…大さじ1と1/2
- 酢…大さじ1と1/2

<つくり方>

1 大豆を軽く洗い、たっぷりの水に10時間ほどつけて十分に吸水させる。
2 ザルにあげ、ペーパータオルで水けをとる。
3 ポリ袋に**2**を入れ、小麦粉を加え、よくふってまぶす。
4 180℃に熱した油に**3**を全量入れ、箸でかき混ぜる。大きな泡が小さい泡に変わり、大豆が軽くなり、色がつくまで5分ほど揚げる。
5 長ねぎ、しょうがはみじん切り、唐辛子は種をとり小口切りにする。
6 調味液に**5**を入れ、揚げたての大豆を漬けこむ。1時間ほどすると味がなじむ。日持ちは冷蔵庫で4〜5日。

◎ゆで大豆や蒸し大豆を揚げてもよい。その場合、豆がやわらかく仕上がる。

撮影／高木あつ子

＜材料＞5人分

青大豆…100g
塩…小さじ1弱（5g）
塩かずのこ…30〜50g
醤油…1/2カップ
酒…大さじ2
豆のゆで汁またはだし汁…1/4カップ

＜つくり方＞

1 青大豆はさっと洗い、鍋に豆と、豆の3倍量の水を入れて一晩つける。
2 かずのこは一晩たっぷりの水につけて塩抜きをする。途中で1、2回水を替える。端をちぎって食べたときに少し塩けを感じるくらいになっていればよい。
3 かずのこをザルにあげ、薄皮をとり除く。指の腹でやさしくこするようにしながら、指でつまめる部分は引っ張ってとる。
4 1の水を豆にかぶるくらいの量に減らす。塩を加えて火にかけ、沸騰したら火を止め、蓋をしたまましばらくおく。人肌に冷めたらザルにあげる。
5 醤油と酒、豆のゆで汁を合わせて漬け汁をつくり、豆を浸す。
6 かずのこは小さめのひと口大、または、筋に沿って1〜2cmほどに切り、5に加える。一晩ほどおいたら食べられる。

〈宮城県〉

ひたし豆

宮城では、枝豆と砂糖でつくったずんだあんをはじめ、煮豆や納豆、豆腐など、大豆を使った料理や加工品がよく食卓に上ります。なかでも、正月によく食べられているのがこの料理です。乾燥した状態で青みのある青大豆（あおばた豆）をゆでてから、かずのこと一緒に醤油と酒の調味液に浸してつくります。青大豆は普通の大豆に比べて甘味が強いのが特徴で、かためにゆでると枝豆のようなこりこりとした食感です。普段の食事ではかずのこを入れず青大豆だけでつくることもありますが、ぷちぷちとしたかずのことの組み合わせはよく、箸が進みます。長時間煮こんだり、甘い味つけにしたものが多い正月料理に、浅漬けのようなひたし豆が入ることで、味のアクセントにもなっています。

ひたし豆は昔から福島や山形など東北各地でつくられており、近年では山形の「秘伝豆」や宮城の「ひたし豆」など、青大豆の中でも甘味が強くコクのあるひたし豆専用の品種が売られています。

著作委員＝宮下ひろみ
協力＝宮下陽子

〈山形県〉

黒豆なます

12月9日の大黒天のお歳夜《としや》に食べる庄内地方の縁起物の料理で、大根おろしのしぼり汁と酢で黒豆を煮て、大根おろしと和えます。黄大豆ではなく黒豆を使うのは、大黒様の黒にちなんでいるため、また黒という色が「邪気を払う」とされ、1年間元気にすごせるようにという意味があるようです。黒豆の色素成分アントシアニンが酢の作用で鮮やかなピンク色になり、大根おろしはりんごのすりおろしのようなさわやかな酸味と甘味に仕上がります。お歳夜にはほかに、黒豆ご飯や焼き豆腐の田楽、はたはたの田楽、納豆汁と豆づくしのごっつぉ（ごちそう）で家族の健康と五穀豊穣を祈ります。

もともとのつくり方は「田んぼの黒豆」という在来の扁平な黒豆を木づちでたたき、浸漬せずに大根おろしのしぼり汁と酢で好みのかたさまで煮ますが、ここでは豆が軟化しやすいようにしぼり汁に浸漬しました。ほかに黒豆の甘煮やゆで豆を大根なますと和える手軽なつくり方もあります。

協力＝佐藤めぐみ、古谷彰子、渡部洋子
著作委員＝平尾和子

撮影／長野陽一

<材料> 4人分

黒豆…30g
大根…500g（しぼり汁270mℓ）
酢…180mℓ
砂糖…80g
塩…小さじ1

◎色を鮮やかにしたいときは、クエン酸小さじ1/4を加える。

<つくり方>

1 黒豆をポリ袋に入れ、皮が大きく破れないようにめん棒や木づちで注意してたたき、洗う。
2 大根をおろし、ザルでおろした大根としぼり汁に分ける。
3 2の汁と1の黒豆を鍋に入れ8時間ほどおき、酢を入れて煮る。色をより鮮やかにしたいときはクエン酸を加える。
4 黒豆が好みのかたさになったら火を止め、砂糖と塩を入れて溶かし、冷ます。
5 4が冷えたら、2の大根おろしを混ぜる。

◎黒豆の甘煮でつくるときは、水けをしぼった大根おろしに調味料と黒豆の甘煮を加える。分量は、黒豆の甘煮50〜60g、大根おろし230g（大根500g）、酢90mℓ、砂糖 40g、塩小さじ1/2。黒豆を混ぜて全体がピンク色にならないときは、天然色素（赤）0.02gを熱湯小さじ1/3程度で溶かし、好みの色になるように加える。

撮影／長野陽一

＜材料＞4人分

大根…1/4本（240g）
にんじん…1/4本（40g）
塩…小さじ1/5（1.2g）
薄揚げ…20g
椎茸…2個（32g）
打ち豆*…60g
だし汁または水…2カップ
醤油…大さじ2
砂糖…大さじ2
酒…大さじ1

*水に浸した大豆をつぶしたもの。乾燥品で市販されている。

＜つくり方＞

1 大根、にんじんは太めのせん切りにする。
2 椎茸は食べやすい大きさに切る。薄揚げは短冊切りにする。
3 すべての材料を鍋に入れ、中火で15〜20分ほど煮て味をなじませる。

〈福井県〉
こじわり

こじわりは鯖江市や越前市でつくられる、打ち豆と大根の煮物です。打ち豆は、大豆を石臼の上でつぶし乾燥させたもので、保存がきき、丸のままの大豆よりも火が通りやすく、味が出やすいので料理に旨みやコクが加わります。そんな打ち豆を使う料理は、だし汁を使わなくても十分おいしくいただけます。こじわりには大根やにんじんと同様に太めのせん切りにした里芋を入れることも多く、そうするといっそうおいしいという人もいます。嶺北《れいほく》（県北部）のあちこちで見られますが、「こじわり」という呼び名の由来は地元でもよくわかりません。

他には「ごんざ」「こんじ」などと呼ぶ地域もあり、これは太いせん切りが「ごんべ（すりこぎ）」を連想させるからともいわれます。福井市の一部では「ばばころし」と呼ばれ、おいしくて死ぬほど食べ過ぎてしまうというのが由来だそうです。普段のおかずでもあり、報恩講《ほうおんこう》や法事のときの精進料理でも出されるなじみ深い料理です。

協力＝高島純子、増永初美、水野よし江、野村邦子　著作委員＝佐藤真実

〈福井県〉

大豆の煮豆

嶺北《れいほく》(県北部)は米どころです。家々では田んぼの畔に大豆を植え、乾燥させたり、打ち豆にすることで保存し、雪深い地域の冬の貴重なたんぱく質源としてきました。豆腐屋へ大豆を持って行って豆腐や油揚げと交換したり、魚との物々交換もしたそうです。

大豆の料理としてよくつくられたのは煮豆です。中でも、やや内陸の南越前町の今庄《いまじょう》や池田町では、大豆を水に浸水させずにそのまま炊く煮豆がつくられていて、みっちりとかなり噛みごたえのあるかたい煮豆は「がんこ豆」と呼ばれています。濃い甘辛味で、お茶うけというよりもおかずの一つで、これをご飯にたっぷりかけて食べる人もいるそうです。砂糖をたくさん使うので、ちょっとしたごちそうでした。この煮豆は常にきらさないようにつくってあります。今庄には今でも茅葺《かやぶ》きの家が残っており、その葺き替え作業をする「屋根葺きさん」のお礼のごちそうにも欠かせないものでした。報恩講《ほうおんこう》や法事でも必ず出てくる料理です。

協力＝窪田春美　著作委員＝佐藤真実

撮影／長野陽一

<材料> つくりやすい分量

大豆…1升(1.35kg)
砂糖…1kg
塩…大さじ1

<つくり方>

1 大豆は手早く洗って鍋に入れ、豆の2～3倍の高さまで、たっぷりの水を入れる。
2 強火にかけ、沸騰したら弱火にする。弱火の状態を保ち、豆が湯から出ないように水を加えながら、やわらかくなるまで約2時間、親指と人さし指でつぶせるくらいになるまでゆでていく。
3 豆をザルに上げゆで汁をきる。
4 豆を鍋に戻し、砂糖、塩を加え焦げないようにしっかりからめるように煮つめる。
5 ザルで蓋をして、一晩おく。豆にしわが寄り、かたくなる。

撮影／高木あつ子

＜材料＞ 4人分

青豆（枝豆）*…約400g（正味200g）
こんにゃく…1枚（250g）
┌ うす口醤油…小さじ1
└ 酒…小さじ1
だし汁（かつお節）…大さじ2**
┌ 砂糖…大さじ1
│ うす口醤油…小さじ1
└ 酒…小さじ1

*青大豆ではなく、大豆の若さやのこと。黒豆の枝豆でもよい。

**ミキサーを使うときは1/2カップにする。

＜つくり方＞

1 青豆はさやごとゆでる。豆が指でつぶせるくらいにゆで、さやから豆をとり出し薄皮はとる。
2 こんにゃくはゆでてから薄い短冊に切る。鍋でから炒りし、醤油、酒で下味をつけておく。
3 だし汁に砂糖、醤油、酒で味をつける。
4 すり鉢に1を入れすりつぶす。ミキサーにかけてもよい。
5 4に3を少しずつ入れながらドロリとなるまですり混ぜ、和え衣をつくる。
6 2のこんにゃくを5の衣で和える。

呉《ご》和え

〈京都府〉

府の中央部に位置する丹波地方は、山々に囲まれ寒暖の差が激しく、大粒で良質の大納言小豆や味わい深い黒豆や大豆がとれます。煮豆に豆ご飯、黒豆味噌、青大豆味噌など、豆は食生活に欠かせないものです。大豆や黒豆の枝豆も、ゆでて塩をふったり枝豆ご飯にしたり、呉和えにして食べます。

呉和えは枝豆をすりつぶした衣とこんにゃくを和えます。一粒一粒さやから出した豆をすりつぶし、甘味とコクのある衣にした「お手間な」料理でした。青和えとも呼ばれ、丹波地方では秋祭りによく出されるごちそうです。お客事（親戚や知人を招く会食）をし、茶碗蒸しや煮しめとともに並ぶ鮮やかな黄緑の呉和えに、秋の実りを感じ親睦の場が華やぎました。

たくさんつくるときはミキサーを使うのも便利です。その場合はミキサーを回すため、だしの量を増やします。すり鉢でするときめが粗く豆の粒感が残り、ミキサーだと滑らかに仕上がります。どちらもおいしいものです。

協力＝平田照子、衣川千代子、中島ふみ子
著作委員＝桐村ます美、湯川夏子

〈鳥取県〉
うちごだんご入りの煮物

うちごとは生大豆粉のことで、生大豆粉でつくっただんごと刻み昆布を入れた煮物です。境港市は砂地で稲作に適さないため、さつまいもを補食とし、干したさつまいもを保存しておく文化があり、同様に大豆も粉にして保存食として利用されてきました。昔はこの煮物がお盆の頃によくつくられ、だんごをお供えする風習がありましたが、最近は生大豆粉があまり売られておらず、つくる人が少なくなっています。

生大豆粉のだんごはしっかりとした歯ごたえがあるのが特徴です。今は牛乳やごま油、卵などをだんごのつなぎに入れることもあります。煮物の具はなすのほかにも、さやいんげん、モロッコいんげん、オクラなどの夏にとれるものや、干し椎茸などと一緒に炊き合わせます。だんごは煮物に入れるほか、味噌汁に入れてうちご汁にしたり、生大豆粉はそのまま汁に入れて呉汁などにも利用しました。

協力＝境港市食生活改善推進員会
著作委員＝松島文子、板倉一枝

撮影／五十嵐公

＜材料＞ 4人分

うちご（生大豆粉）*…80g
┌刻み昆布…5g
└水…700mℓ
刻み昆布…5g
なす…250〜300g（2本）
さやいんげん…60g（8本）
A┌醤油…大さじ3
　│塩…小さじ1
　│酒…大さじ1
　└砂糖、みりん…各大さじ2

*乾燥大豆を製粉したもの。弓浜半島では7月からお盆の頃まで店頭で販売される。きな粉と違い乾燥させただけのものなのでそのままでは消化が悪く、調理時に加熱の必要がある。

＜つくり方＞

1 刻み昆布5gをさっと洗い、700mℓの水にしばらくつけて昆布水をつくる。
2 うちごに1の昆布水80mℓを入れて、耳たぶくらいのかたさになるようによくこねる。
3 別の刻み昆布5gを細かく刻んで2に入れ、さらにこねる。その後1時間ほどねかせる。
4 3を8等分にして平たいだんごにし、1の刻み昆布と残りの昆布水600mℓにAを合わせたもので煮る。
5 なすは表面を斜め格子に切れ目を入れて食べやすい大きさに切る。いんげんは筋をとる。
6 だんごと昆布を引き上げたあとの煮汁で、なすといんげんを煮て、器にそれぞれ盛り合わせる。

撮影／長野陽一

<材料> 5〜6人分

大豆…1カップ
さきするめ（おつまみ用）*
…1袋（約25g）
調味液
- 醤油…1カップ
- 酢…大さじ1と1/2
- みりん…大さじ1
- 赤唐辛子…1本

*おつまみ用のさきするめは、味がついていてやわらかく、乾物のするめよりも取り扱いやすい。

<つくり方>

1 調味液の材料を合わせておく。
2 大豆はフライパンで中火で熱し、少し茶色に色がつくくらいまでゆっくり炒る。焦げないように気をつける。
3 さきするめは、長いものがあれば食べやすいサイズに切る。
4 2の大豆が温かいうちに、2と3を調味液に漬ける。一晩くらいで味がつくが、日がたつほどおいしい。

◎乾物のするめを使う場合は、するめを水につけるかぬらすかしてから、包丁かハサミで小さく切ったあと、グリルやオーブントースターで焼いてやわらかくする。

〈岡山県〉
するめ入り酢大豆

炒った大豆をするめとともに調味液に漬けたもので、大豆は香ばしく食べごたえのある、ちょうどいいかたさになっています。するめのだしを最初に感じ、噛んでいるうちに大豆の風味がじわじわと出てきます。県北部で教わった料理で、大豆は体によいので、毎日5〜8粒ぐらいずつ食べなさいといわれて食べた懐かしい味だそうです。

このあたりでは、正月の雑煮のだしとして、かつお節とともにするめを用いてきました。醤油仕立ての汁に丸もちを入れ、上置きにほうれん草を入れています。昔からするめは高価だったため、だしとりに使ったするめを使ってさらにだしを引き出す保存食として酢大豆がつくられてきたそうです。大豆はどこの家でも自家用につくっていました。この料理は豆を水で戻す手間がかからず簡単につくることができ、常温でも1カ月は保存できるので重宝しました。おけばおくほどするめがやわらかく、しっかりと味がなじんでおいしいといいます。

協力＝杉原百合子
著作委員＝藤堂雅恵、藤井わか子

〈愛媛県〉

五目豆

普段の食卓に1品加える際によくつくられてきた常備菜です。大豆、昆布、干し椎茸のうま味の相乗効果で、素朴なおいしさがあります。県全域でつくられており、愛媛県で生産がさかんな柑橘の皮を刻んで入れるのが特徴で、柑橘の香りとほろ苦さが好まれます。正月の縁起もののだいだいの皮は冬場にせん切りにし、天日干しして保存し、だいだいのない季節に用います。最近は、地場産のいろいろな柑橘を使うようになりました。具のごぼうが柑橘の苦味によく合い、おつな味です。

ここで紹介するレシピでは植物性のだしだけのあっさりとしたうま味を楽しみますが、具材にだしがらの昆布や鶏肉、だしのいりこを細かくちぎって入れることもあります。地元でとれた野菜を使ったり、こんにゃくを手づくりしたりして日常の食事にとり入れてきました。今治《いまばり》地区では、地元で栽培されているえのみ大豆（茶大豆）を使いますが、この大豆を使うとよりおいしくなります。

著作委員＝香川実恵子、宇髙順子

＜材料＞ 4人分

えのみ大豆*…150g（1カップ）
昆布…10g
干し椎茸…3枚
こんにゃく…1/2枚
ごぼう…100g（約2/3本）
にんじん…100g（約2/3本）
だいだいの皮（生または乾燥）…少々
みりん…大さじ1
砂糖…小さじ2
醤油…大さじ3

*茶大豆のことで、よごれ大豆ともいう。今治では多くの農家が栽培していた。普通の大豆でもよい。

だいだい

＜つくり方＞

1 大豆は水で洗い、3倍弱の容積の水に一晩浸水して戻す。
2 大豆を浸水液ごと火にかけて、ややかたい程度まで火を通す。
3 昆布、干し椎茸は水で戻す。だいだい以外の具はさいの目切りにする。だいだいの皮は乾燥なら水で戻し、生ならそのまままみじん切りまたはせん切りにする。
4 2の鍋に、昆布、干し椎茸、こんにゃく、ごぼうを入れ、火が通るまで加熱する。
5 具が煮えたら、醤油以外の調味料を入れ、全体に味をなじませる。
6 醤油、にんじん、だいだいの皮を加えて煮る。

撮影／五十嵐公

◎にんじんは煮くずれしやすいのであとから入れる。余熱で火が通るので煮過ぎない。だいだいの皮も煮過ぎると全体に苦味がしみこむので、長時間煮ない。苦味が苦手なら皮はみじん切りをほんの少量でよい。少量でもほのかな苦味と香りが全体に行き渡る。

撮影／戸倉江里

＜材料＞ 10人分

大豆…500g
水…1.5ℓ（大豆の重量の3倍）
早煮昆布…15×20㎝ほど
三温糖…300g
醤油…大さじ3

＜つくり方＞

1 大豆を洗い、水に一晩浸漬する。
2 大豆とつけておいた水を鍋に入れ、中火〜強火にかける。
3 沸騰したら弱火にし、30〜40分アクをとりながら煮る。
4 大豆が好みのかたさになったら、三温糖と醤油を加えて弱火で30分ほど煮る。
5 昆布は7㎜幅の短冊に切る。
6 煮汁が少なくなってきたら5の昆布を加え、さらに煮汁がなくなるまで煮つめて火を止める。

〈熊本県〉 ざぜん豆

大豆と昆布を醤油と砂糖で甘辛く煮た料理で、一度にまとめてつくり、こびる（おやつ）やお茶うけ、人がたくさん集まる正月や盆に出すほか、葬式や仏事の精進料理の一品にしました。砂糖で豆の水分が出てかたくしまるので、しっかりした歯ごたえで、噛むほどに甘味が増し、くせになるおいしさです。昔は豆がしわしわになるくらい砂糖をたっぷり入れ、糸を引くくらいに煮つめて長持ちさせましたが、最近は甘さ控えめにつくるのが主流です。昆布を入れずに大豆だけでつくる人、しょうがを加える人、甘味や煮上げる大豆のかたさもいろいろで、家庭ごとに異なります。子どもの頃に祖母につくってもらったり、給食で食べた思い出があり、熊本県人にとっては懐かしくなじみ深い料理になっています。

名前の由来は、「座禅を組むお坊さんがたんぱく質補給のために食べていた」「大豆に頻尿を軽減する作用があり、座禅のときにトイレに立たなくていいように」など諸説あります。

著作委員＝秋吉澄子

〈三重県〉

煮《に》味《み》噌《そ》

煮味噌は常備菜として、県内のどの地域でもつくられていますが、南伊勢町、紀北町、尾鷲市など海に面する地域の場合は多くの漁獲に恵まれるため、魚介類の活用方法として、魚介を炊きこんだ煮味噌がつくられています。量的に少ない魚や名前が十分に広まっていない魚はあまり流通しませんが、これらの魚の、地元での利用方法の一つでもあります。

山間部では野菜を入れたものが多く、北勢のような河川に恵まれた地域ではふなやもろこなどの淡水魚が使われます。また東紀州や伊勢志摩食文化圏ではかきを使ったかき味噌やなまり節を使った焼き味噌など、地域の産物によって煮味噌の具材が変わります。日持ちもするため、遠洋漁業の船には、常備菜、保存食として積みこまれています。

煮味噌はなめ味噌としておかずや酒のあてにもなりますが、調味料として大根などの野菜と煮こむことで菜味噌《さいみそ》という、新たなおかずになります。

協力＝乾尚美、大西三春
著作委員＝成田美代

撮影／長野陽一

<材料> つくりやすい分量

魚*…150g
味噌…100g
白ごま…100g
にんにく…1かけ
ごま油…少々
蜂蜜…100g
水…500mℓ
砂糖、みりん…好みの量

*タイやアジなどを使うことが多い。

<つくり方>

1 魚は焼いて骨が入らないように身をほぐす。
2 すり鉢でごまをすり、味噌を加えてさらにする。自家製の味噌で豆や麦が固形で残っている場合は丁寧に。
3 みじん切りにしたにんにくをごま油で炒めて香りが出たら火を止める。
4 3の鍋に1、2を加えて水と蜂蜜を加えて弱火でよく練るように煮つめる。汁けがなくなれば仕上がり。途中で味見をして砂糖やみりんを加え、好みの甘さに調える。

◎にんにくを炒める際、好みで唐辛子も一緒に炒めてもよい。

煮味噌を使った菜味噌。手前は、アジの煮味噌で拍子木切りか大きめのさいの目切りの大根を煮た南伊勢のもの。左はサバの煮味噌で粗めのさいの目切りのにんじん、椎茸、こんにゃく、たけのこ、ねぎを煮た紀北町のもの。右は北勢のふな味噌（煮味噌）。鍋に吸水させた大豆、焼いたフナに水を加えてやわらかくなるまで煮る。味噌と砂糖、みりんを加えてじっくり煮る。

撮影／長野陽一

＜材料＞ 5個分

まんじゅう…5個
小麦粉（薄力粉）…50g
卵…1/4個
水…40mℓ
揚げ油…適量

＜つくり方＞

1 小麦粉と卵、水をボウルに入れて混ぜ、衣をつくる。
2 まんじゅうを衣にくぐらせ、170℃ほどに熱した油でさっと揚げる。

◎大きなまんじゅうを使う場合は、縦に2cm幅に切ってから衣をつけて揚げる。

〈福島県〉

まんじゅうの天ぷら

福島の多くの家庭では、いただきもの（贈答品）をまずは仏壇に供えます。葬式まんじゅうもそのひとつで、供えてから時間がたち、かたくなったまんじゅうをおいしく食べるために揚げたのが、会津でつくられているこの料理のはじまりです。ただ蒸し直すのではなく、ひと手間かけて揚げることで「ごっつぉ」になります。カリッとした衣としっとりしたこしあんの口触り、衣の油分とあんの甘味の組み合わせがよく、くせになります。甘いものは貴重だったので、大きな葬式まんじゅうをもらうと、大層うれしいものでした。

やがて、お盆やお彼岸などの仏事の際、買い求めたまんじゅうを天ぷらにして出すようになりました。家によっては葬式で600個ものまんじゅうを揚げ、会葬の方たちにバナナと一緒に持って帰ってもらうところもありました。今ではそばにのせたり、醤油や天つゆをつけておかずとして食べたり、普段のおやつやお茶うけにすることもあります。

協力＝石井友子
著作委員＝中村恵子、會田久仁子

〈大阪府〉
煮豆

　大阪では煮豆と言えば甘煮をさすことが多かったようです。市場の乾物屋さんには煮豆用の乾燥豆が多くの種類売られていました。金時豆、うずら豆、虎豆、白いんげん豆（手亡《てぼう》豆）、とうろく豆（大福《おおふく》豆）などです。これらの豆は大豆より煮えやすく、粒も大きく食べやすかったので、夏以外の秋から春の間は種類を変えて食卓に常備菜・箸休めとしてよく出ていました。また弁当の副菜の一品としても、保存のきく甘い煮豆は重宝しました。中でも金時豆をよく食べていたように思います。

　家々の台所に練炭火鉢があった時代は、冬場はよく火鉢に鍋をかけて豆を煮ていました。

　正月用には大粒のとうろく豆を甘く煮含めたものと、乾燥そら豆を甘煮にした「お多福豆」を用意し、陶器の三段重に詰めていました。とうろく豆の白とお多福豆の黒褐色の2色がそろうと存在感がありました。今はとうろく豆より粒の大きい白花豆を使います。

協力＝辻太郎、狩野敦、藤原弘子
著作委員＝阪上愛子

＜材料＞ つくりやすい分量

金時豆*…250g
砂糖…200g

*うずら豆、虎豆、白いんげん豆(手亡豆)、とうろく豆(大福豆)、白花豆なども〈材料〉〈つくり方〉は金時豆に準じる。

＜つくり方＞

1 豆はさっと水洗いしてから4倍量の水に6時間から一晩ほどつけ、十分にふくらむまで戻す。つけ時間は粒の大きさや乾燥具合、水温により異なる。つけすぎると皮が破れる。
2 1を厚手の鍋に入れ火にかけ、沸騰したらザルで湯きりする(アク抜き)。
3 再び豆がかぶるくらいの水を加えて火にかけ、落とし蓋をして煮立てる。沸騰後は弱火にして(煮汁の中で豆がほとんど動かないくらい)、指でつぶせるほどやわらかくなるまで1時間半〜2時間煮る。煮ているときは、豆が煮汁より出ないように差し水をしながら煮る。
4 豆がやわらかくなったら、豆と煮汁がほぼ同じ高さになるように余分な煮汁を捨てる。
5 砂糖の1/3量を加え、煮溶けたらアクをとる。残りの砂糖も2回に分けて同じように入れる。
6 約10分、中火で煮つめる。火を止め、そのまま冷めるまでおき、甘味を豆に含ませる。

夏のそら豆の思い出

　乾燥したそら豆は、黄緑から淡い赤茶色に変化していきます。その皮をむいて甘煮にすると、粉ふき状になり「こふき豆」として売られていました。夏場の引き売りではこのこふき豆と一緒に、くじらのコロ（皮の部分）を薄切りにして湯引きにした「さらしくじら」も売っていました。甘いこふき豆と、辛子酢味噌で食べるさらしくじらのとり合わせがクセになる楽しみでした。

　子どもたちは、浜寺や二色ケ浜海水浴場（現在の堺・泉北臨海工業地帯）へ泳ぎに行くときには、炒った乾燥そら豆をさらしの小袋に入れて腰に下げて泳ぎました。ひと休みする頃には豆が海水でふやけ、塩味もついてちょうどよいおやつになりました。大阪湾で海水浴ができた時代の懐かしい思い出です。

左上から時計回りに、虎豆、うずら豆、大福豆、金時豆、白花豆の煮豆

撮影／高木あつ子

〈高知県〉

銀《ぎん》不《ぶ》老《ろう》の煮豆

銀不老豆は、四国山地に位置する大豊町《おおとよちょう》の桃原《ももはら》地区だけで代々栽培されてきた在来のいんげん豆で、地元では銀不老と呼ばれています。いぶし銀のような輝きがあり、大きさは小豆と黒豆の中間くらい。皮はやわらかく、ホクホクでほんのり甘味があります。昔は、湧き水の少ない山には地きび（とうもろこし）を植えており、この根元に銀不老豆をまくと、豆のつるがきびに巻きつき、きびを支柱にして高さ2mほどに育ちました。高齢化や食生活の変化などで地きび栽培が減り銀不老も少なくなりましたが、希少な豆を残そうと、現在は町ぐるみで栽培にとり組んでいます。

子どもの頃に食べた味は大人になっても懐かしいもので、関東地方の老人ホームでは90歳代の女性が、誕生日に銀不老ずしをリクエストしたそうです。女性は大豊出身だったので施設の人が郷里に照会し豆を入手してつくったところ、普段はあまり話さない女性が、昔の話を何時間もしたそうです。

協力＝松﨑淳子、長野永子、永尾朱美

著作委員＝小西文子、五藤泰子

撮影／長野陽一

＜材料＞ つくりやすい分量

銀不老…200g

砂糖…120g

塩…小さじ1/3（2g）

いんげん豆の一種の銀不老。黒豆より煮えやすく、金時豆よりコクがある

＜つくり方＞

1. 銀不老は豆の5倍の水に1〜2時間浸してから中火にかける。
2. 沸騰したらごく弱火にして、豆が踊らないように落とし蓋をして、ゆっくりとゆでる。ゆで汁が少なくなり豆が汁から出るときは水を足す。
3. 豆がやわらかくなったら砂糖を2回に分けて入れ、塩を加えて煮て火を止める。そのまま冷まし、味を含ませる。

◎新しい豆は吸水させないで炊いてよい。

五目ずしの具に銀不老の甘い煮豆を入れた銀不老ずし。お祝いによくつくられる

撮影／長野陽一

＜材料＞ つくりやすい分量

花豆…500g
ザラメ…400g
塩…ひとつまみ

＜つくり方＞

1 豆は洗ってボウルに入れ、たっぷりの水に丸1日程度つけ、ふっくらするまで戻す。
2 豆を一度ザルにあげて、鍋に入れ直し、たっぷりの水を入れて沸騰するまで強火にかけ、沸騰したら中火で40分ほどゆでる。
3 ゆで汁を捨て、新しくぬるま湯を入れる。中火で30分ほどゆでてからゆで汁を捨てる。同様にもう一度ゆでこぼす。
4 豆が十分にかくれるくらいのぬるま湯とザラメを入れて弱火でことこと、豆がかくれる程度の煮汁を保ちながら、1時間ほど煮る。塩を加え、豆全体に煮汁がからまるようにときどき鍋をふり、上下を入れ替えながら汁けがなくなるまで煮る。

〈福島県〉

花豆の甘煮

1粒が3㎝ほどになる花豆（ベニバナインゲン）をゆっくり煮含めた甘煮です。花豆は寒冷地でしか大きく育たないため、県内でも栽培できるのは限られた地域だけです。会津の高原地帯にある北塩原村では昔から栽培されており、甘煮の缶詰が土産物になっています。

郡山市の最西端に位置する湖南町も寒冷地であることから、減反（米の生産を抑制するための政策）の際、転作作物として花豆が奨励され、栽培が始まりました。普段から食べ慣れているひたし豆（大豆の一種）や金時豆、小豆に比べて大きいので、当初は珍しがられたそうです。戻すのにも煮るのにも他の豆より時間がかかりますが、皮がやわらかくふっくらとした食感で食べ応えがあるのが好まれています。冬場、ストーブの上でことこと煮た甘煮を出すと家族皆喜んで食べたそうです。見た目も豪華で見栄えがするので、一度にたくさんつくっておき、日常のおかずとしてだけでなく来客時のお茶うけにもしました。

協力＝桑名美代、石村由美子
著作委員＝柳沼和子

〈山梨県〉
花ジュウロクの煮豆

花ジュウロクとは、富士山麓の山中湖村で昔から栽培されてきた地のいんげん豆のことです。今は紫花豆で代用していますが、花豆の煮豆は正月や秋の安産祭りなど、人寄せの祭事にはお膳に出され、また民宿、保養所の朝食に小付けとしても提供されています。

山中湖村は火山灰地で、高地で低温などの条件が重なり、稲作に適さなかったため、生業《なりわい》として農業は成り立たなかったのですが、地野菜として、ジュウロク、とうもろこし、芋がらなどが自給用に栽培されていました。ジュウロクは、さやがやわらかい夏場はさやごと「おしい（味噌汁）」に、また炒め物にも活用されました。豆が育った秋になると乾燥させ、煮豆にし、その場合は花ジュウロクと呼ばれます。祭事のおこわには、煮た小豆か花ジュウロクを、また春の彼岸の中日に食べる「アズキメシ」は、うるち米に小豆か花ジュウロクを入れてつくりました。高齢の農家では今も種を継いで栽培し、秋には煮豆にしています。

協力＝高村園菜　著作委員＝阿部芳子

<材料> つくりやすい分量

紫花豆…300g
水…豆の1.5倍容量（豆が水から出るとしわが寄る）
砂糖…250g
酒…100mℓ
塩…少々

紫花豆。花ジュウロクに代わるものとして使われている

<つくり方>

1 花豆は洗って二晩水に浸す。しわがのびて大きくふくらむ。
2 鍋に豆がかぶるくらいのたっぷりの水（分量外）と豆を入れて蓋をせずに中火にかける。沸騰するとアクで煮汁が白くなるので、白さがとれるまで、2〜3回沸騰を繰り返し、その都度白い汁を捨ててアクを抜く。
3 再び鍋に豆と分量の水を入れ、やわらかくなるまで蓋をして弱火で煮る。常に豆が煮汁に浸っているように、水を足しながら煮る。
4 火を止めて蓋をしたまま、蒸らしながら冷ます。大量に煮る場合は、そのまま一晩おく。
5 4を蓋をとって弱火にかけ、豆が十分にやわらかくなったら、砂糖と酒を加える。その際、豆は煮汁に浸っている状態で。砂糖が溶けて味がしみ、豆につやが出てくる。
6 最後に甘さを引き立てるために塩を加える。火を止めて蓋をしたまま冷ます。一晩おくと豆がふっくらして味がよくしみこむ。

◎塩を先に入れると、しわが寄るので最後に加える。

撮影／高木あつ子

撮影／五十嵐公

<材料> つくりやすい分量

そら豆（乾燥）…300g
重曹…大さじ1/4
砂糖…170g
塩…小さじ1

<つくり方>

1 そら豆は、乾燥状態のまま、ひたひたにつかるくらいの水に入れて中火でゆでる。沸騰したら重曹を加え、弱火で15〜20分ゆでる。
2 鍋に水を加えて、手を入れられるくらいのぬるま湯にし、そのなかで豆の皮をむく。
3 ザルにあげて、皮やゴミをとり除く。皮をむいた豆とひたひたにつかるくらいの水を再度鍋に入れ、2回ゆでこぼす。
4 鍋に新しくひたひたの水を入れて、豆がやわらかくなるまで煮る。
5 砂糖と塩を加え、パサパサにならないようやや汁けが残るくらいまで煮る。鍋をふるか、木べらで混ぜて好みの状態まで豆の形をくずして、粉をふかせる。形の残ったそら豆と粉ふきを半々程度に混ぜ合わせてもよい。

〈鳥取県〉

そら豆のこふき

乾燥そら豆に重曹や木灰を加えてゆでて皮をむき、砂糖で甘く煮た料理です。鳥取市を中心に、県内各地で冠婚葬祭や来客時につくられてきました。県中部の倉吉地域ではこの料理を「豆の皮とり」と呼んでいます。

冠婚葬祭のなかでもとくに葬儀や法事には欠かせないもので、昔は集落の女性たちで集まって料理しており、そこで年配の人たちから若い人へ伝わっていきました。皮をむいたりゆでこぼしたりと手間はかかりますが、上手に煮えるとしっとりほくほく、栗のような食感で、そら豆の旨みや風味が感じられます。

生のそら豆も夏豆として生のままゆでたり煮たりして食べていましたが、生のままでは日持ちしないため乾燥豆にしておき、そら豆のこふきや「豆ようかん」に使いました。豆ようかんは、そら豆をやわらかいあん状に煮て型に入れ冷やしかためたもので、正月やお盆、冠婚葬祭のごちそうでした。

協力＝橋本君江、前嶋道子、井口松代
著作委員＝松島文子、板倉一枝

〈香川県〉

醤油豆

香川県の代表的な郷土料理で、家庭や飲食店で年中食べられています。温暖な気候の香川県はそら豆の生育に最適な土地柄で、かつては農家で米の裏作として、家庭で一年中食べられる量を栽培し、乾燥させて保存していました。醤油豆は、酒の肴や農繁期の常備菜にしたりとどこの家でもつくられていたものです。砂糖は貴重だったので多くは使わず、豆の甘さを生かした味でした。昔は、豆をほうろくで炒るのは子どもの仕事でしたが、ときどき混ぜないと焦げてしまうのでその場を外せない、退屈な仕事だったそうです。

醤油豆をつくり始めたのは藩政時代で、文禄年間に醤油の醸造を始めた小豆島が発祥の地という説があります。またお遍路さんを接待するために炒っていたそら豆が近くの醤油壺へ入ってしまい、あとから食べてみると香ばしい豆の香りと醤油がほどよく合い、おいしかったのが始まりともいわれています。

著作委員＝川染節江、村川みなみ

撮影／高木あつ子

<材料> つくりやすい分量

そら豆（乾燥）…2カップ

A
- 三温糖…200g
- 醤油…1/2カップ
- 水…3カップ
- 赤唐辛子…2本

<つくり方>

1. そら豆はさっと水で洗う。
2. ほうろくにそら豆を入れ、木しゃもじでときどきかき混ぜながら、豆の芯まで火が通り、全体に焦げ色がつくまで弱火でゆっくりと炒る（写真①）。ほうろくがない場合はフライパンで代用する。
3. 鍋にAを入れ煮立たせる。
4. 煮立ったら、2のそら豆を熱いうちに入れ、使った熱いほうろくで蓋をして一昼夜つける（写真②）。鍋の蓋でもよい。
5. 豆がかたいようなら、そのまま弱火で煮含める。煮汁が足りなければ、そら豆が浸るくらいの水を加えながら煮る。

①

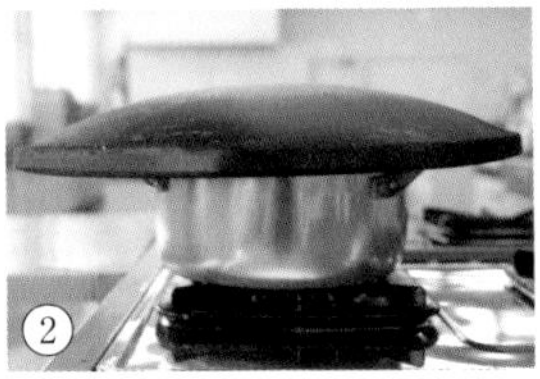

②

撮影／長野陽一

＜材料＞ 4人分

白みとり豆…60g（ゆでて120g）
里芋…100g（2個）
にんじん…40g（1/3本）
だし汁（煮干し）…320mℓ
白味噌（甘口）…60g
砂糖…20g

白みとり豆。ほぞが黒か褐色で、種皮部は淡い灰色がかったクリーム色。大豆（左）より小さい

＜つくり方＞

1 白みとり豆は前日から水に浸漬する。新豆の場合は不要。
2 鍋に豆の5〜6倍重量の水（分量外）を入れてゆでこぼし、もう一度水を替えて再度沸騰したら弱火にしてやわらかくなるまでゆでる。ゆで汁は捨ててさっと水で洗う。
3 里芋は縦半分に切ってから半月切りにし、分量外の塩でもむ。にんじんは里芋と大きさをそろえていちょう切りにする。
4 **3**を下ゆでしたあと、**2**の豆とともにだし汁で煮る。アクをとり、そのあと、白味噌を溶いて煮こむ。
5 具がやわらかくなったら、砂糖を加えて味を調え、汁けがほぼなくなるまで煮こむ。焦がさないように注意する。

〈三重県〉

白みとり豆と里芋の煮物

北勢地域の伝統食材である白みとり豆を使った煮物です。この豆はササゲ属の1年草で、ほぞが黒か褐色、皮は淡い灰色がかったクリーム色です。日本への来歴は不明ですが、世界各地で流通しており、ブラック・アイド・ピー、カウピーなどと呼ばれています。暖地では小豆の実りが悪いためその代わりに、また、つくりやすいので夏のウリ類やナス科野菜との連作を避けるために栽培されていたと聞きます。今は、自家栽培程度で食べる習慣も減り、鈴鹿市では新豆の時期に一部の取扱店や道の駅などの産直店で販売されるぐらいで流通量も少なくなっています。

鈴鹿市や亀山市の寺院では、報恩《ほうおん》講《こう》などの本膳料理にこの煮物や豆入りののっぺい汁が供されています。家庭でも法事などのお膳に白みとり豆を使ったみとり汁（味噌汁）や煮豆を出し、日常食にもとり入れてきました。甘味噌でこってりと煮上げると、豆や里芋のほっこりした食感と味噌がよく合います。

協力＝小林弘子、小林みち子、後藤清香
著作委員＝飯田津喜美

〈千葉県〉

落花《らっか》味噌

千葉県は国産の7〜8割を占める落花生の大産地です。中でも八《やち》街《また》市を中心とした印旛《いんば》地域、山武《さんぶ》地域は落花生農家が多く、八街市には県の落花生研究室があり、落花生の専門店が点在して殻つき落花生、むいた炒り落花生、味つき落花生、豆菓子などが並んでいます。人気品種の「千葉半立《ちばはんだち》」は地面をはうように育つ性質だった落花生を、栽培しやすくするため半分立たせた品種という由来の名のようです。濃厚なうま味と甘さが自慢です。

落花味噌は日常の保存食として多くの家庭で食べられています。落花生の持つ油と味噌のうま味、砂糖の甘味であとを引くおいしさです。ご飯のおかずとしては甘辛く味つけし、甘味を強くしたものはお茶うけにされます。地元では落花生は出荷するものなので、落花味噌は残りものでつくられました。落花もぎ（収穫して乾燥した後のさやとり作業）の後の残《ざん》がある秋と、種まき用の残りがある春につくることが多かったそうです。

協力＝鬼原一雄
著作委員＝中路和子

撮影／高木あつ子

<材料> つくりやすい分量

落花生（乾燥）…150g
味噌…20g
砂糖…20g
酒…小さじ1
油…小さじ2

<つくり方>

1 フライパンを熱し油をひく。油が熱くなってきたら落花生を入れ弱火にし、木べらで焦がさないようによくかき混ぜながら約20分、気長に炒る。
2 約20分で、1粒噛んでみる。奥歯にしこっしこっとつくようでは炒りが足りない。食べてみて、香ばしく生っぽさがなくなったら火を止め、フライパンの片側に落花生を寄せておく。
3 フライパンのあいている側に味噌、砂糖を入れ余熱で溶かし、木べらでよく混ぜ合わせる。
4 もう一度弱火をつけ、落花生と3をなじませ、酒を加えてよく混ぜる。2〜3分加熱してできあがり。できたては少々「にやっ」とした食感でも冷めるとカリッとする。

◎4の加熱時間が長いと冷めてからかたくなる。また、砂糖が多くなると冷めてからかたくなりやすい。

撮影／五十嵐公

＜材料＞ 4人分

殻つき生落花生（掘りたての新鮮なもの）…800g
塩…大さじ1

＜つくり方＞

1. 掘りたての殻つき生落花生は土がついているので、水で丁寧に洗う。
2. 鍋に生落花生を入れ、かぶるぐらいの水と塩を加え、実がやわらかくなるまで40〜50分ゆでる。
3. ゆで上がったら、ゆで汁ごと冷ますと全体がしっとりとやわらかく仕上がる。好みで熱いうちにザルにあげてもよく、そうすると豆の食感が残る。

◎旬の時期にまとめてゆでて小分けに冷凍しておくと、自然解凍して一年中食べることができる。

ゆで落花生

〈神奈川県〉

秦野《はだの》市は明治半ばから続く落花生の産地で、相州《そうしゅう》落花生の名で知られています。日本で最初に落花生が栽培されたのは神奈川県です。富士山の火山灰が堆積した秦野盆地の土は落花生栽培に適し、1960年代までは落花生、麦、菜種、葉タバコなどを組み合わせた輪作が行なわれてきました。現在、神奈川県の落花生生産量は全国3位です（平成28年）。

秦野では「ゆでる」ことを「うでる」といい、ゆで落花生は「うでピー」と呼ばれます。生を塩ゆでると甘味が引き出され、地域では昔からゆでて食べる習慣がありました。干して乾かしたものをゆでても風味はなく、掘りたての新鮮な落花生でしか味わえません。とくに実が詰まり、その実がかたくなる前は風味や甘味があります。

ゆでる用の落花生は収穫時期が夏で、掘りたては水分が多くすぐにカビが生えます。そのため、昔は生の落花生は農家で自家消費されるだけでしたが、現在は直売所などでも手に入り、誰でも食べられるものになっています。

協力＝山田洋子　著作委員＝小川暁子

〈愛知県〉
落花生の煮物

西三河地域では落花生がよく食べられています。西三河の中の、碧南《へきなん》やその周辺は落花生の産地で、砂地で微量の塩分を含んだ土質が落花生づくりに適していました。明治時代中頃の綿栽培の衰退により、栽培されるようになったようです。地元では、生落花生を「地まめ」と呼びます。保存する場合は冷蔵ですが、長期保存の場合は冷凍します。そのまま塩ゆでにして食べるか、煮豆にします。

一般的に煮豆というと大豆ですが、落花生の煮物は大豆とは違ったおいしさがあり、秋、9月から10月にかけて、野菜や昆布と一緒に煮て日常食として好まれています。この地方では昆布の代わりに肉厚でざっくりした食感のあらめを用いることもあります。一晩水につけた落花生と細かく切ったあらめを下ゆでしたあと、砂糖、醤油で煮ます。落花生を炒るのではなく煮ることで、食感がやわらかくコクもある独特な味わいになります。煮豆は濃い味で、おかずとして食卓に上りました。

協力＝西三河農林水産事務所
著作委員＝森山三千江、山本淳子

<材料> 5人分

落花生（乾燥）…100g
昆布またはあらめ*…5g
にんじん…100g（中2/3本）
ごぼう…100g（中2/3本）
こんにゃく…1/3枚
醤油…50mℓ
砂糖…大さじ2
みりん…大さじ3
酒…大さじ3

*あらめはコンブ科の海藻。乾燥したものが流通。岩手県以南の太平洋沿岸、日本海沿岸および九州沿岸などに分布。使う際は、水に浸して戻す。

<つくり方>

1 落花生は薄皮つきのまま一晩水に浸す。
2 昆布、にんじん、ごぼう、こんにゃくは、落花生の大きさに角切りする。
3 鍋に落花生を入れ、ひたひたになるように水（分量外）を入れて火にかけ、やわらかくなるまで下煮する。
4 ごぼう、こんにゃくを入れ、調味料を加えて煮る。
5 ごぼうがやわらかくなったら、にんじん、昆布を入れ、さらに煮る。にんじんがやわらかくなったら、全体を混ぜて味を調える。

撮影／五十嵐公

撮影／長野陽一

<材料> 4人分

落花生（乾燥）…2カップ
だし汁または水…適量
砂糖…90g
醤油…大さじ2

<つくり方>

1 薄皮がついたままの落花生を一晩水につける。
2 落花生がつかるぐらいの十分な水でゆでる。2回ほどゆでこぼしてアクを除く。
3 ゆで汁を捨て、落花生がかぶるくらいのだし汁を入れてやわらかくなるまで3時間ほど煮る。途中、落花生が水から出ないよう差し水をする。
4 やわらかくなったら、砂糖を入れてしばらく煮る。最後に醤油を入れて味がしみこむまで煮る。

◎好みで醤油は入れなくてもよい。

落花生はたけのこやにんじん、れんこん、こんにゃく、椎茸を入れた五目煮豆にすることもある

〈三重県〉

落花生の煮豆

三重県では「煮豆といえば落花生」という地域もあるほど、煮豆にするのが日常的で、とくに正月に欠かせない一品です。落花生は油脂分を多く含むため、煮物に適さないと思われがちですが、十分に煮こむとやわらかくほくほくとした食感が得られます。

大台《おおだい》町、大紀《たいき》町、熊野市金山町などは温暖で落花生の生育に適しているため、ちょっとした空き地にも落花生が植えられています。1本にたくさんできるので効率がよく収穫にはことかきません。

落花生はもともと未熟な実をゆでて食べていましたが、徐々に味をつけるようになり、さらに未熟な実だけでは足りないので、充実した実で煮物にするようになりました。ときには椎茸やたけのこ、ごぼう、れんこん、にんじんなどとともに五目煮豆にします。ほかにも、落花生ご飯、東紀州では「おまぜ」とか「かき混ぜ」といわれるちらしずしに、ゆで落花生を具の一つとして混ぜて使われます。

協力＝細渕国子、大西三春
著作委員＝成田美代

〈長崎県〉

にごみ

大村市で古くからつくられている料理で、冠婚葬祭、お盆や正月、おくんちなどのさまざまな行事で提供される料理です。味つけは家庭で微妙に異なり、代々伝えられたその家ごとの味があります。

料理名は煮こみが由来と考えられています。大村地区の特産品である落花生を入れ、じゃがいもや里芋、にんじん、ごぼう、椎茸、鶏肉などの材料をサイコロ形に切って煮こみます。ゆで落花生を入れることで独特の味が醸し出されます。いもは里芋でもじゃがいもでもどちらでもよく、たけのこは季節に応じて使います。具を細かく切るのは、材料の無駄をなくすためとの説と落花生の大きさに合わせたとの説があるようです。一品で栄養を満たせる、多忙な農家に向いた料理でした。

福岡の筑前煮、がめ煮と材料や味が似通った料理です。西彼《せいひ》・東《とう》彼《ひ》地域では落花生の代わりに栗を使ったり、「つぼめ」と呼んだりします。佐賀県でも栗や小豆が使われる「煮ごみ」があります。

協力＝藤原ヒロ子
著作委員＝冨永美穂子、石見百江

＜材料＞ 5〜10人分

【具】

塩ゆで落花生（または冷凍塩ゆで落花生）…150g
里芋…300g（約6個）
ごぼう…中1本
（あれば）たけのこ…150g
れんこん…中1個
にんじん…中1本
干し椎茸…6〜7枚
こんにゃく…1丁
厚揚げ…1丁
鶏肉…200g
早煮昆布*…20g
（あれば）さやいんげん（飾り用）…100g（約12本）

だし汁**…1ℓ
砂糖…35g
酒…大さじ1
うす口醤油…大さじ3
濃口醤油…大さじ2/3

*具雑煮などのだしがら昆布を使ってもよい。

**だしの素材は煮干し、かつお節、干し椎茸の戻し汁、早煮昆布、鶏の骨つき肉でもよい。

◎里芋の代わりにじゃがいもを使うこともある。

＜つくり方＞

1 ごぼうは皮を薄くこそぎ、すぐ水につけ、長いまま（15〜20㎝）数分ゆがき、1㎝程度の長さに切る。
2 たけのこ（生の場合）、皮をむいたれんこん、こんにゃくもさっとゆがく。
3 厚揚げは熱湯をかけて油抜きし、1.5〜2㎝角に切る。煮くずれしないように少し大きめに切る。
4 厚揚げ、ごぼう、昆布、いんげん以外の具は1〜1.5㎝のサイコロ状に切る。昆布を結び昆布にする。
5 いんげんは塩ゆでし、半分か1/3程度の長さに切る。
6 里芋、いんげん以外の具を全部鍋に入れ、ひたひたになるようにだし汁を入れ、沸騰させ、アクをとり除く。
7 沸騰するまでは強火で、その後中火にし、里芋を入れて、砂糖、酒、うす口醤油を入れる。
8 ひと煮立ち後に味見をし、濃口醤油を入れる。好みの味に調えてコトコト煮る。煮上がって1〜3時間煮汁に浸してから食べるとおいしさが増す。最後にいんげんを散らす。

撮影／長野陽一

〈熊本県〉

落花生豆腐

阿蘇地域南西部に位置する西原《にしはら》村では、山から吹き出す東からの強風を「まつぼり風」と呼びます。「まつぼる」とは根こそぎ持っていくという意味です。この強風のため、落花生やさつまいも、里芋、にんじんなど、土の中で育つ作物が農業の中心でした。そんな西原村でつくられてきた料理の一つが落花生豆腐です。8月から9月に収穫した落花生は、天日干しにして保存しておきます。つくるときは、落花生を水につけて薄皮をむいてからすりつぶし、こした汁を加熱しながら練り上げていきます。手間も時間もかかりますが、盆や正月、冠婚葬祭には欠かせないものでした。今では家庭でつくることは少なくなりましたが、店で買えるので日常のおかずや酒のつまみとしても食べられています。

以前はしょうが醤油をつけながら食べましたが、最近では麺つゆやオリーブオイルをかけたり、味噌汁に入れることもあります。もちもちとした食感で、落花生の濃厚な旨みや甘味が味わえます。

協力＝小城要一郎
著作委員＝小林康子

撮影／戸倉江里

＜材料＞ 4人分

落花生（乾燥）…200〜250g
水…2と1/2カップ
かたくり粉…30g
しょうが…1かけ

さらし袋、型やバット

＜つくり方＞

1 落花生を水に一晩つける。急ぐときはぬるま湯に3時間以上つける。
2 落花生同士を手でこすり合わせて薄皮をとる。薄皮は大体とれていればよいが、真っ白に仕上げたいときはすべてとる。
3 薄皮を除いた落花生は一度ザルにあげ、分量の水と一緒にミキサーにかける。どろどろになるまで撹拌する。
4 さらし袋に入れてこし、しっかりしぼる。しぼりかすはおからのように別の料理に使える。
5 しぼった汁とかたくり粉を鍋に入れ、木べらでかたくり粉が溶けるまでしっかりと混ぜる。中火にかけ、鍋の底が焦げつかないように常にかき混ぜ続ける。
6 ふつふつしてきたら弱火にし、混ぜながらさらに10分ほど加熱する。粘りが出てきたら水でぬらした型に流し入れる。粗熱をとって冷蔵庫で冷やし固める。
7 1人分ずつ切り分けて皿に盛り、おろししょうがをのせる。醤油をかけて食べる。

海藻

冬の生のり、早春のわかめは沿岸部でこそ味わえる季節限定の味。乾物のひじきやあらめ、切り昆布は、内陸部まで届き、煮物や和え物にされました。また、海藻は凝固剤としても使われ、寒天やえご、いぎすなどを煮溶かし固めた寄せ物は行事に欠かせない一品です。

〈秋田県〉

卵寒天

秋田には、野菜から果物まで何でも寒天で寄せて固める独自の寒天文化があるといわれるほど、多くの寒天料理があります。冠婚葬祭をはじめとして、普段から人が集まるところにはそれぞれの家庭ならではの寒天料理がよく持ち寄られます。お重や密閉容器などに入れれば彩りも見栄えもよく、持ち運びにも便利です。マヨネーズで和えた野菜をかためたサラダ寒天などはテレビでもとり上げられて全国に紹介されました。保存性の高い棒寒天は台所に常備され、地域によってはお供え物にもなる重要なものでした。

　とくに甘味嗜好の強い県南部では、砂糖を多く使った寒天料理が好まれています。この地域では箸休めとしてだけでなく、お茶うけとして、がっこ（漬物）とともに食べられることも多いのが特徴です。卵寒天はそんな寒天料理の中でも最もポピュラーなものです。甘くて歯切れがよく、食べごたえもあり、子どもから高齢者までどの世代にも好まれています。

協力＝なるせ加工研究会（代表：谷藤トモ子）
著作委員＝熊谷昌則

<材料> ようかんトヨ型1個分（約36×5×高さ4cm）

棒寒天…1本(粉末寒天なら4g相当)
水…2カップ
卵…10個
砂糖…300g
塩…1g

<つくり方>

1 棒寒天はちぎって水に浸して戻す。
2 卵は割って、よくかき混ぜる。
3 やわらかくなった寒天をよくしぼり、水けをきる。
4 3を鍋に入れ、水を加えて煮つめすぎないように注意しながら弱火で煮る。寒天が溶けたら砂糖と塩を加え、約10分弱火で煮る(写真①、②、③)。
5 4に卵を少しずつ入れ、弱火にかけてへらでよく混ぜる(写真④)。卵に火が通る直前のフワフワした状態で火を止める(写真⑤)。
6 型に入れて冷やし固める(写真⑥、⑦)。
7 1～2cm幅で好みに切り分けて供する。

撮影／高木あつ子

〈秋田県〉

えご

男鹿《おが》市は穏やかな戸賀湾に面し、四季を通じて豊富な魚種が水揚げされます。地元でとれるエゴノリでつくるえごは、日常のおかずやお茶うけとして食べられています。お盆や法事等の精進料理としても欠かせないもので、祝い膳の中での刺身に相当するものともされています。もとは家庭でつくられていましたが、今はおもに豆腐製造業者が製造販売しています。沿岸だけでなく内陸でも食べられている、この地域ではなじみ深い料理です。寒天やところてんとも違う独特の食感が特徴です。

エゴノリは紅藻類で赤褐色のため、えごも褐色を帯びていますが、収穫後に海水や天日にさらして色素が抜けたものを使うと白っぽいえごになります。より白くするために、豆乳を加える人もいます。ほかの海藻にからみつくように生育することがあるため、収穫時にエゴノリ以外の海藻が交じっていることもあり、この海藻をとり除かないと口当たりが悪くなります。

協力＝戸賀浜のかあちゃん、飯沢栄美
著作委員＝高橋徹

撮影／高木あつ子

<材料> 約10人分（25×15×3cmの流し缶）

エゴノリ*（えご草・乾燥）…50g
水…1000〜1400mℓ **

*紅藻類イギス目イギス科に属する海藻。日本沿岸に広く分布している。鈎（かぎ）状となった枝先をホンダワラ等の海藻にからめて生育する。寒天と同様に熱可逆性のゲルを形成する。

**水は少なければかため、多ければやわらかく仕上がる。エゴノリの凝固性は収穫年ごとに違いがあるので加水量でかたさを調整をする。

<つくり方>

1 エゴノリを水で十分に洗う。夾雑《きょうざつ》物《ぶつ》***があればとり除く。
2 鍋に水と1を入れ、火にかける。
3 初めは強火で、煮立ったら弱火にしてエゴノリを煮溶かす（30〜40分程度）。加熱中は焦がさないように、木べら等で練るように撹拌する。夾雑物はその都度とり除く。
4 鍋を火から下ろし、型に流して固める。ミキサーにかけてから型に流すと一層なめらかになる。
5 固まったら適当な大きさに切り分け、辛子醤油や酢味噌で食べる。

***小さな甲殻類や他の海藻。

◎エゴノリを煮溶かす際は、焦がさないように火加減に注意し、とくに鍋底をよく撹拌する。

撮影／奥山淳志

＜材料＞ 4人分

焼きまつも…1枚
きゅうり（小）…1/2本（40g）
三杯酢
- 酢…大さじ2と2/3
- 醤油…大さじ2と2/3
- 砂糖…大さじ1と2/3

干しまつもを焼いた、焼きまつも。調理の際にもう一度焼くと風味が増す

＜つくり方＞

1 焼きまつもを火であぶり、手でさっとほぐしてボウルに入れる。熱湯をかけてザルにとり、水けをきる。
2 きゅうりは小口切りにする。
3 1のまつもを三杯酢で和えて味を調える。器に盛り、きゅうりを添える。

＜岩手県＞
まつもの酢の物

宮古市沿岸の重茂《おもえ》地区に行くと、あちこちに合成洗剤追放運動の看板を見かけます。重茂にはわかめや昆布、うに、あわびなど豊かな漁場が広がります。各地で水質汚染や海洋汚染が問題となっていた昭和51年（1976年）から、漁協の女性部が中心になって「合成洗剤を絶対に使わないこと」を申し合わせ、海の環境を守ってきました。

早春の味として親しまれている生まつももこの海で育ちます。三陸リアス海岸の入り組んだ湾の岩礁がまつもの生育に最適とされ、岩手県では生産量も多い希少で高価な海藻です。

12月下旬には他の海藻より先に芽が出てきますが、おいしいのは1〜3月。褐色の生まつもは熱い汁に入れた瞬間に鮮やかな緑色に変わり、磯の香りと独特のぬめりやシャキシャキとした食感を楽しむことができます。初摘みは雑煮の具にもなり、その後は、味噌汁の実や酢の物にします。保存ができないので、のりのようにすだれに並べて干し、これを焼いた「焼きまつも」が市販されています。

協力＝盛合敏子　著作委員＝菅原悦子

〈茨城県〉

海藻寄せ

石岡市や鹿嶋市では正月料理の口取りとしてつくられています。若い人はあまり食べませんが、年配の方には懐かしい味で、正月に限らず日常的に食べています。正月料理の重詰めにするときは、にんじんなどを細いせん切りにして入れると、彩りもよくなります。

材料の本海藻は地元ではとれず、千葉県の銚子方面から行商が売りに来るものを購入していました。鹿嶋市は海に面していますが、鹿島港ができるまでは港がなく船も横づけできなかったので、海産物に恵まれていませんでした。また、石岡市は内陸なので海産物の行商の来訪は特別で、本海藻はぜいたくな食材だったようですが、今は千葉県産のものがスーパーなどで年中売られています。

海藻寄せにするのは、海藻（ツノマタ）と本海藻（コトジツノマタ）がありますが、本海藻の方が高価で粘質が強いです。瀬戸内のいぎす豆腐、福岡県博多のおきゅうとと共通する海藻料理です。

協力＝堀越悦子、大岡芳子、橋本ひさ子、仙土玲子　著作委員＝荒田玲子

撮影／五十嵐公

＜材料＞ 6〜10人分（11×14×4cmの流し缶2個分）

本海藻（コトジツノマタ*・乾燥）…45g
水…1ℓ
醤油…大さじ1
塩…少々
青のり、かつお節…適量
醤油、酢醤油…適量

*スギノリ科ツノマタ属の海藻。海藻の先端が琴柱（ことじ）に似ているから「コトジ」、鹿の角のように股状になっているから「ツノマタ」。海藻寄せの原料にするものには、ツノマタとコトジツノマタがあり、ツノマタは褐色に近く、コトジツノマタの方が赤味がある。

＜つくり方＞

1 海藻は石づきをとり除き、水で洗い、一晩分量の水につける。
2 やわらかくなった海藻をキッチンばさみで細かく切る。
3 つけた水ごと火にかけ、煮立ってきたら火を弱め、撹拌しながら煮溶かす。
4 海藻が煮溶けたら醤油と塩を加え、火を止める。醤油、塩は好みで入れなくてもよい。海藻の形が少し残っていても芯がなくなればよい。
5 固まったらひと口大に切り、好みで青のりとかつお節を添える。醤油や酢醤油をかけて食べる。

撮影／高木あつ子

<材料> 18×18×3.5cmの流し缶1個分

かいそう（コトジツノマタ・乾燥）…50g
水…1ℓ

かいそう（コトジツノマタ）

<つくり方>

1. 乾燥したかいそうについている貝・石等をとり除き、水洗いする。
2. かいそうを水に30分ほどつける。
3. かいそうがやわらかくなったら、はさみで2〜3cmに切る。
4. 3を戻し汁ごと、火にかけて強火で沸騰させる。
5. 沸騰したら弱火にし、木べらで練りながら10分ほどかいそうを煮溶かす。
6. 煮溶かした液に粘りが出て、木べらの練り跡で鍋底が見えるくらいになったら完成。
7. 型に入れて冷やし固める。
8. 切り分けて、好みで醤油や七味唐辛子、刻んだねぎ、かつお節などをかけていただく。

〈千葉県〉

かいそう

見た目はとても地味な料理ですが、九十九里周辺の地域では、正月には欠かせない料理でした。基本的に味はつけません。独特の香りがあり、各自が七味唐辛子や醤油、好みで刻みねぎやかつお節をかけて食べるものです。保存性を高めるために味が濃くなりがちだったおせち料理の中で、さっぱりとした味を楽しむことができます。

「かいそう」とは紅藻の一種コトジツノマタを乾燥させたもので、現代でも沿岸部の道の駅などで手に入れることができます。同時に、そのかいそうを戻して煮つめて固めた料理のことも「かいそう」と呼びます。他県ではエゴノリを用いた同様の料理がありますが、コトジツノマタでつくるかいそうはエゴノリより香りが強いものです。太平洋沿岸の波当たりの強い岩礁の低潮線付近に生え、千葉県から茨城県にかけて食べられています。戻した加減と練り加減・煮つめ具合で食感が微妙に異なり、家ごとの味が受け継がれています。

協力＝小西利子
著作委員＝柳沢幸江

〈千葉県〉 生のりの酢の物

東京湾の最奥部、市川市の行徳や船橋市の三番瀬あたりではのりの養殖がさかんでした。地元では、おかずがないときには、はね出しののりをもんで醤油をかけてご飯に混ぜ、弁当にしたりしていました。2枚ののりを中表にして遠火であぶって食べる焼きのりは、味、食感、香りのよいごちそうでした。生のりが手に入るのは産地ならではの贅沢で、酢の物や佃煮にすると磯の香りを存分に味わうことができ、海の恵みを感じます。

のり漁は寒い時期に行ないます。朝早くから海に出て、網からのりを摘みとると手がかじかんで感覚がなくなります。船べりに手をぶつけながらの作業でした。収穫した生のりは井戸水でよく洗って、大きな切り株をまな板代わりに細かく切ります。四角い木枠で型どりし、のり簀《す》にのせて、稲刈りあとの田んぼで干します。日の光を浴びた午後2時すぎになるとピシッピシッと、のりが乾いて簀からはがれる音がしました。あたりはのりの香りでいっぱいだったそうです。

協力＝田島美知子、熱田恵子
著作委員＝梶谷節子、渡邊智子

手前：酢の物、奥：佃煮

撮影／高木あつ子

＜材料＞ 4人分

生のり…200g
三杯酢
- 酢…大さじ3
- 砂糖…大さじ3
- 醤油…大さじ1

しょうが…1/2かけ

＜つくり方＞

1 生のりは水で洗ってさっと湯にくぐらせる。長いものがあれば食べやすい大きさに切る。
2 三杯酢をつくり、1を和える。
3 しょうがのせん切りをのせていただく。

◎佃煮にする場合は、水2/3カップと酒・砂糖各大さじ3と醤油、みりん各大さじ1を煮立て、生のり200gを入れる。中火で煮汁が半分くらいになるまで煮たら、弱火にし、ときどきかき混ぜながら焦がさないように15分ほど煮つめる。

切り昆布の煮物

〈群馬県〉

群馬県は海なし県ですが、切り昆布は、油揚げ、大豆、こんにゃく、糸こんにゃく、ちくわ、椎茸などと一緒に煮て、普段のおかずや弁当のおかずとしてよく食べました。切り昆布は乾燥品なので常温で長期保存できます。また、戻す時間も煮る時間もそうかからないので、すぐにつくって食卓に出せる便利な食材のひとつとして重宝されていたようです。昔は村の雑貨屋に、四角くかためて紙でとめた切り昆布の玉《たま》を売っていて、各家庭では新聞紙に包んでお勝手の食品を保存する戸棚にしまってありました。県内ではひじきよりも多く食べられてきました。

海藻ではわかめもよく食べました。行商の人が塩わかめを持ってきてくれて、家の畑でとれたじゃがいもや玉ねぎ、にんじんなどと一緒に味噌汁にしました。子どもたちは昆布やわかめ、ひじきなどの海藻をあまり好まなかったせいか、どの家庭でも髪の毛が黒くなるから、「頭がよくなるから食べるようにと言い聞かせたものです。

協力＝布施川史子
著作委員＝堀口恵子

撮影／高木あつ子

＜材料＞ 4人分

切り昆布(乾燥)*…20g
にんじん…1/3本(40g)
さつま揚げ…1枚(40g)
だし汁(かつお節)…1カップ
砂糖…小さじ1
醤油…大さじ1
みりん…大さじ1
油…小さじ1

*80歳代の人は切り昆布というが、今は「刻み昆布」の名前で市販されている。

＜つくり方＞

1 切り昆布はたっぷりの水に5〜10分浸し、ザルにあげ水をきる。
2 にんじんはせん切り、さつま揚げは半分に切ってから細く切る。
3 鍋に油を入れて火にかけ、にんじんとさつま揚げを炒める。
4 だし汁と調味料を加えて混ぜ、煮立ったら切り昆布を入れて5〜6分煮る。
5 味をみて火を止める。煮つめ具合は好みでよい。

〈神奈川県〉

新わかめとわけぎのぬた

横須賀市は県南東部の三浦半島中央部に位置し、東京湾と相模湾に面しています。わかめの養殖が行なわれている猿島は市街地からも見える無人島で、島の周辺一帯が浅瀬で、砂地で海藻が入り交じる格好の釣り場です。猿島のわかめは、やわらかくて歯触りもよく、ぬたをはじめ、さまざまな料理に使われます。

猿島でのわかめ養殖は、地元の漁師の栗山氏が昭和38年に宮城県から種苗を持ち帰り、地元の天然わかめと交配、広大な藻場をつくり昭和43年に始まりました。わかめは1月半ばから2月初めに収穫します。風が弱く雨の多い年はよく育つそうです。収穫したわかめは素干し、湯通し後乾燥、または湯通し後塩蔵します。湯通し後乾燥させたものは、水に戻したときの発色が鮮やかで保存性もよいため利用範囲が広いです。素干ししたものは磯の香りがよく、塩蔵は水をさっと流すだけで手早く使えます。同じわかめでも、加工の仕方によって使い分けられます。

協力＝高橋久枝、栗山政江、吉田和子
著作委員＝河野一世、津田淑江

＜材料＞ 10人分

生わかめ…200g
わけぎ…70g（わかめの1/3重量）
味噌…大さじ4
砂糖…大さじ4
酢…大さじ4
白すりごま…大さじ2

生わかめ

＜つくり方＞

1 生わかめを全体が緑色になるまでゆでて冷水に放す。ゆですぎないように注意する。ザルにあげて水をきる。小口切りにし、かたくしぼる。
2 わけぎをさっとゆで、よくしぼり、5cmくらいに切る。
3 わかめとわけぎを混ぜる。
4 味噌をすり鉢ですり、砂糖、酢、すりごまを加えてすり混ぜる。
5 わかめとわけぎを加えさっとからめる。

◎わかめは、旬の時期にはシャキシャキとした歯ごたえが楽しめる、わかめしゃぶしゃぶが好まれる。その他、わかめおにぎり、わかめパスタなどにも利用される。

生わかめを使ったその他の料理。わかめの茎の和え物（手前）、めかぶのトロトロ（奥）

撮影／五十嵐公

〈富山県〉

昆布巻き

にしんを巻くときに、2枚重ねた昆布で巻いていくので層が厚くなり、たっぷりと昆布を食べることができます。昆布好きの富山県らしい昆布巻きといえるでしょう。煮ては冷ますを2〜3日じっくり繰り返すので味はよくしみこみ、昆布はやわらかく煮上がり、一人でいくつも食べてしまいます。

江戸時代、加賀藩の直轄港だった東岩瀬（現富山市）には北前船が寄港し、北海道の昆布やにしんをもたらしました。また、明治以降、羅臼地方に多くの県民が出稼ぎに出て、移住者として定着した者も多く、その縁で富山では昆布といえば羅臼昆布のことをさすのが主流になりました。現在、富山では昆布じめ用、煮しめ用、だし昆布、とろろ昆布、おぼろ昆布、刻み昆布など多彩な昆布が流通しており、「喜ぶ」につながるおめでたい食材としてさまざまに食べられています。とくに昆布巻きは正月料理として、めでたい料理の筆頭格になっています。

協力＝松野勢津子
著作委員＝守田律子、深井康子

撮影／長野陽一

＜材料＞ 4人分（8本分）

身欠きニシン（本乾）…100g（4本）
┌棹前昆布（煮しめ用昆布）
│　…150g（約10cm×16枚）
└水…4.5カップ
かんぴょう…60g
砂糖…大さじ4
醤油…大さじ6
酒…大さじ4
水あめ…適量

＜つくり方＞

1 身欠きニシンは米のとぎ汁に1日つけて戻す。つけ汁を捨てて新たに水からゆで、2分ほど沸騰させ水けをきる。戻したニシンのウロコをきれいに洗い、エラや腹骨を切りとる。
2 昆布はしばらく水につけてしんなりさせ、1枚10cmほどの長さに切る。水はとっておく。
3 かんぴょうは、水でさっと洗う。
4 ニシンを昆布の長さに合わせて切る。
5 2枚重ねた昆布の上に、ニシンを昆布の繊維に沿うように置いて巻く。真ん中あたりをかんぴょうで縛る。かんぴょうは長いまま縛ってから切る。
6 巻いた昆布は2の昆布をつけた水で中火で約20分、こまめにアクをとりながら煮る。
7 6に半量の砂糖を入れ、中火で約10分煮る。
8 醤油、酒と残りの砂糖を入れて弱火で2時間ほどゆっくり煮る。火を止め一晩おく。
9 弱火で煮ては冷ますのを2〜3日かけて繰り返し、味をニシンにまでよくしみこませる。最後につや出しのために火を止める直前に水あめを加える。

◎ニシンは昆布の繊維に沿うように置いて巻くと巻きやすい。昆布の繊維は縦に走っているので、10cmに切った際の切り口の線に対してニシンが直角になるように置く。

撮影／長野陽一

＜材料＞ 24×18×5cmの流し型1個分

棒寒天…2本
水…1ℓ
砂糖…100g
醤油…大さじ4
卵…2〜3個
しょうが汁…約10g

＜つくり方＞

1 寒天は洗って水につける。卵は割りほぐす。
2 水につけたまま寒天を火にかけ、10分ほど煮溶かしてから砂糖、醤油を加える。
3 調味料が混ざったら卵を少しずつ加え、最後にしょうが汁を加えて火を止める。卵の混ざり具合は好みで加減する。
4 型に入れて冷やし、固まったら切り分ける。

「えびす」の呼び名の由来

能登では、くり抜いたゆずに詰め物をして蒸して干した珍味「ゆべし」に対して、この料理は早くできることから「はやゆべし」などと呼んだようです。はやゆべし→はやべし→はやびす→えびす、と変化したのではないかともいわれています。

〈石川県〉

えびす

寒天を煮溶かして醤油と砂糖で調味し、溶き卵を流してかためます。大理石の模様のように卵が散っているのが美しく、祭りや正月には必ず用意される料理です。婚礼などの祝いごとでもつくられました。近年はスーパーやデパートの惣菜売り場では常時売られているので、県民にとってはなじみがある懐かしい味です。かつては一度に寒天を5〜6本も使い、大きな鍋でつくりました。そうすると、卵を流し入れてすぐ火を止めると半熟にできるようです。現在のように少ない量ではすぐに火が通り、加減がなかなか難しくなっています。

能登や金沢地方では醤油をきかせて濃い色につくり、加賀地域へ行くと醤油を使わずに白く仕上げます。この場合は塩で味つけするか、砂糖だけで甘くするえびすもあるそうです。

「えびす」と呼ぶことが多いですが、「べろべろ」ということもあります。能登の方では、「えびし」「わびす」「はやべし」「はやびす」などと称するところもありました。

著作委員＝新澤祥恵、川村昭子

〈長野県〉

えご

えごは、海藻の一種であるえご草を煮溶かして固めたものです。飯山、西山、北安曇《あづみ》地方では冠婚葬祭や盆、正月などハレの日には欠かせません。初めて食べた人には「味もそっけもない」といわれる淡泊な味わいですが、食べ慣れると「いくら食べてもあきない」とその味が忘れられなくなります。

えご草は、新潟方面からの行商人によって運ばれ、その売り切れるところまでがえごを食べる地域だともいわれています。中信では千国街道に沿って豊科《とよしな》南穂高まで、北信では長野市以北の飯山、中野市周辺と西山地方がその地域です。

北安曇地方では「いご」と呼ばれ、えご草を白くさらして使います。水で洗って戻したあと天日に干してからからに乾いたら、再び水にさらして干す作業を白くなるまで繰り返します。海のない長野県は海への憧れがあり、塩いか（ゆでいかの塩漬け）と同様、えごはハレの日に用いられてきました。

協力＝木原喜美子、坂原シモ
著作委員＝高崎禎子

撮影／高木あつ子

＜材料＞ 11×7cmの流し型（または約400mℓの容器）1個分

えご草*（乾燥）…20g
水…400〜500mℓ（えご草の20倍量程度）
酢**…少々

*イギス科エゴノリ属の海藻。
**えご草が溶けにくい場合に入れる。

＜つくり方＞

1 えご草を水に浸して，ゴミや砂などを丁寧にとり除く。
2 分量の水を沸騰させ、手でしぼったえご草を入れて強火で煮立てる。えご草の繊維が溶けにくい場合は酢を入れる。
3 アクをとりながら、木べらで鍋底からよくかき混ぜながら弱火〜中火で煮る。途中、ふつふつと沸騰して、はねてきたら火を弱め、おさまったら中火で20〜30分煮溶かす。飛びはねたえごは熱いので注意。
4 粘りが出てきてかき混ぜた際に鍋底が見えたら、木べらを持ち上げてかたさを確認する。ポトリポトリゆっくり落ちる感じになったら火を止める。
5 流し型に流し入れて冷やし固める。
6 固まったら食べやすい大きさに切り分けて、酢味噌などをつけて食べる。

〈京都府〉

わかめのパー

「わかめのパー」というユニークな名前のいわれは、「パパっと（簡単に）つくれる」から、あるいは調理の途中で「わかめがパーッと広がる」から、などと伝えられていますが、本当の由来は地元の人にもわからないそうです。

府北部の丹後地方は昔から絹織物がさかんで「丹後ちりめん」の産地でした。奥丹後と呼ばれる海沿いでは織物業と漁業で生計を立てている家庭が多くありました。寒くなると女性たちは海岸にのりやわかめなどの海藻をとりに行きます。冬から初春にかけて採取された海藻は、乾燥させて平らに広げ、板わかめなどの商品として出荷します。手元に残った「くずわかめ」を利用してつくったのが「わかめのパー」です。

人によってはわかめに煮干しを加えてつくることもあり、さまざまに工夫されていますが、紹介するレシピはわかめがパリッと炒められているところが特徴で、おやつとしても、またおかずとしても食べ飽きない味に仕上がっています。

協力＝嶋崎秀子、坪倉淳子、小石原静代、中瀬あや子　著作委員＝桐村ます美、湯川夏子

撮影／高木あつ子

＜材料＞ つくりやすい分量

干しわかめ（板わかめ）…25g
油…大さじ1/2強
砂糖…大さじ1/2
醤油…大さじ1
白ごま…適量

＜つくり方＞

1 わかめは3cm四方程度にはさみで切る。
2 砂糖と醤油を混ぜる。
3 少し深めのフライパンに油を熱し、わかめを入れて焦がさないように中火で炒める。
4 わかめがパリッとしたら2を加え、さらに炒めてカラッとなったら火を止める。焦げると苦くなるので気をつける。好みで、火を止めてからごまをふりかけてもよい。

〈京都府〉

あらめの炊いたん

生のあらめは肉質が厚く歯ごたえがありますが、乾燥あらめは蒸してから刻んで干したものなので、昆布よりもやわらかく、味にくせが少ないのが特徴です。京都市や府の南部地域では、あらめとお揚げ（油揚げ）、にんじんの組み合わせは、8のつく日に食べるお決まりのおばんざいです。病気予防のまじないになるという言い伝えが残っていますが、いつどこから始まったのか、また、なぜ病気予防のまじないとなったのか定かではありません。しかし、現代の視点から見れば、あらめはミネラルや食物繊維、機能性成分を豊富に含む海藻なので、しっかり食べることで病気予防になるというのは理にかなった考えです。

あらめは油揚げと炊く以外にも、とくになすの栽培がさかんだった府南部地域では、あらめとなすの炊いたんが8月の定番料理だったそうです。炒め煮にするので、あらめとなすが甘辛い煮汁と油のコクを含んで、これも簡単でおいしい料理だといいます。

協力＝田中慶子、山田熙子
著作委員＝福田小百合、豊原容子

撮影／高木あつ子

<材料> 4人分

あらめ（ひじきでもよい）…20g
にんじん…1/5本（30g）
油揚げ…20g
油…小さじ1
だし汁（かつお節）…1と1/4カップ
砂糖…大さじ1
酒…大さじ1
みりん…大さじ1/2
醤油…大さじ1

<つくり方>

1 あらめを水で戻し、水けをきる。
2 にんじんと油揚げは長さをそろえてせん切りにする。
3 鍋に油を入れ、あらめとにんじん、油揚げを炒める。
4 全体に油が行き渡ったらだし汁と砂糖、酒、みりんを加え、5分ほど中火で煮こむ。
5 醤油を加え、水分がほとんどなくなるまで煮こむ。

撮影／高木あつ子

＜材料＞ 4人分

ひじき…15g
薄揚げ…1枚
こんにゃく…60g
にんじん…1/5本（50g）
だし汁（かつお節）…1/2カップ
油…大さじ1
みりん…大さじ1
砂糖…大さじ1
醤油…大さじ1と1/2

＜つくり方＞

1 ひじきはさっとあらって、たっぷりの水に15分くらい浸して戻す。ザルにとり、水けをきる。
2 薄揚げ、こんにゃく、にんじんは2〜3cmのせん切りにする。
3 強火で熱した鍋に油を入れ、材料を炒める。しんなりしたらだし汁、調味料を加える。
4 落とし蓋をして弱火で15分くらい、煮汁がほとんどなくなるまで煮たらできあがり。

ひじきの白和え。湯通しして水けを除いた豆腐1丁をすり鉢かフードプロセッサーでよくすり、砂糖大さじ3と塩少々を加えた衣をひじきの煮物と混ぜる

〈和歌山県〉

ひじきの煮物

聞き書き調査した西牟婁《むろ》郡上富《かみとん》田《だ》町は県の南西部に位置し、熊野古道「中辺路《なかへち》街道」の入口です。近くには田辺湾がありますが海には面していないので、昔は新鮮な生の魚は手に入りにくいところでした。ひじきも、生で手に入ることがあったら鍋で煮て乾物にし、保存して食べたそうです。

ひじきの煮物は、よく茶がゆとともに食べたといいます。昔はこんにゃくが入るくらいで、彩りがよいからとにんじんを入れるようになったのは最近です。椎茸の原木栽培をしているので、収穫時期には生椎茸を入れてつくったりもします。ひじきをしっかりと食べる料理で、甘辛い味つけと炒めたコクでご飯がすすみます。冷凍しておけば、おかずの少ないときに助かります。人の集まりにはたくさんつくって大皿料理として出すこともあるそうです。

この煮物をさらに白和えにしてもおいしく、甘めの衣が加わりいっそう食べごたえが増します。

協力＝谷本敏代
著作委員＝青山佐喜子

〈和歌山県〉

ひろめの酢の物

ひろめは全国でもごく限られた海域でしか見られない珍しい海藻です。県内では田辺湾など紀南地方の沿岸に自生しています。これまでは消費はほとんどが地元中心で、同じ県内でも紀北地方では一般的なものではありませんでした。わかめと同属ですが、見た目がまったく違って、大きなうちわのような形をしているところから、田辺周辺では「大きなひとつの葉の〝め（食用の海藻のこと）〟」という意味の「ひとはめ（一葉布）」とも呼ばれます。旬は1月末から4月頃で、天然のものは2月末から3月です。田辺湾ではひろめの収穫風景は春の風物詩となっています。

熱湯にくぐらせると、褐色のひろめが瞬時に目にも鮮やかな緑色に変わり、同時に磯の香りが広がります。やわらかく、それでいて食感はシャリシャリとして、わかめより歯切れがよく、アクもなくおいしいものです。ここで紹介する料理は、ひろめに伝統の漁法で水揚げされた鮮度のよい「磯間のしらす」も加えた特産地の味です。

協力＝小山志津代、中本敦子
著作委員＝千賀靖子

<材料> 4人分

ひろめ（生）…240g
釜揚げしらす…40g
塩…適量
だいだいぽん酢（囲み参照）…適量

ひろめ（生）

撮影／高木あつ子

だいだいぽん酢のつくり方

<材料の割合>

だいだいのしぼり汁…1
米酢…1
みりん…1
醤油…2
かつお節、昆布…各適量

<つくり方>

1 材料をすべて混ぜて1週間おく。
2 こしてかつお節と昆布をとり出す。
3 清潔なビンなどに入れる。冷蔵庫で3カ月ほど保存可能。

<つくり方>

1 ひろめを水で洗う。
2 大きめの鍋に湯（分量外）を沸かし、塩（水2ℓに塩大さじ1程度）を加える。
3 湯が沸騰したらひろめを入れる。褐色のひろめが鮮やかな緑色に変わったらすぐ水にとる（写真①）。
4 水けをよくしぼり、食べやすい大きさに切る。しらすを混ぜ合わせる。
5 器に盛りつけて、だいだいぽん酢をかけて供する。

撮影／五十嵐公

＜材料＞ 10人分

いぎす草（乾燥）…40g
水…4カップ
白ごま…小さじ2
しょうが…6かけ（60g）
醤油…大さじ2

＜つくり方＞

1 ボウルとザルを重ねて水をはり、いぎす草を入れてよく洗う。ゴミなどをとり除き、30分ほど水に浸す。
2 いぎす草をザルにあげ、大きめの鍋に分量の水と一緒に入れる。中火にかけ、煮立ったら弱火にし、すりこぎで混ぜながら15〜20分練る。
3 いぎす草の繊維がやわらかくなるとともに、煮溶けて細かくなってきたらバットに流し入れ、あら熱をとる。
4 あら熱がとれたら冷蔵庫で30分〜1時間冷やし固める。
5 固まったら短冊に切り、皿に盛りつけ、白ごまをふりかける。おろししょうがと醤油をつけながら食べる。

〈鳥取県〉

いぎす

沿岸でとれる海藻、いぎす草を煮溶かしてから固めたシンプルな寄せものです。いぎす草は分布地域が限られているため、鳥取でも食べられているのは中部と西部の一部沿岸地域だけです。最近では食べる機会が減ってきていますが、昭和の終わり頃までは日常的に食べられていました。いぎすは葬儀やお盆などの仏事には欠かせないもので、赤飯やおはぎ、野菜の煮物や煮豆、酢の物などと一緒に出されました。ほかにも人寄せ（おもてなし）のときもつくりました。中部地域のスーパーでは今でも惣菜として年中売られています。

県外のいぎす料理には大豆粉や米ぬかなどを入れることがありますが、何も混ぜずにつくるのがこの地域の特徴です。海藻独特のざらざら感とツルンとした食感で、さっぱりとした味わいです。しょうが醤油をかけて食べることが多いですが、辛子醤油やわさび醤油、ポン酢や酢味噌をかけたり、小さく切って白和えやごま和えにすることもあります。

協力＝陰山喜代美、福井冨美子
著作委員＝松島文子、板倉一枝

〈島根県〉

隠《お》岐《き》あらめの炒め煮

あらめはコンブ科の、わかめと昆布の中間ぐらいの厚さの海藻で、表面がでこぼこしています。「布《め》（わかめのこと）」に比べて粗いので「荒布《あらめ》」です。隠岐の島の周りは海流がぶつかり、プランクトンが多く栄養豊富な海域で、あらめやわかめ、のり、もずくなどさまざまな海藻がとれます。岩のりやもずくはとれる量に限りがあり値段も高いので、日々の食卓にはわかめ、あらめがよく上りました。

日常的に使うのは乾燥品で、細く切った細切りと、大きめにカットした幅広があり、どちらも戻して使います。甘じょっぱく炒め煮にするのが今も昔も変わらない家庭の味で、肉厚で歯ごたえはありますがやわらかく、ご飯のお供に、また酒の肴としても親しまれています。隠岐でとれるあじの煮干しでだしをとり、にんじんや油揚げ、ピーマンなどを入れると普段の惣菜に、来客のときなどはうにを加え、隠岐ならではのもてなし料理にしたりするそうです。

協力＝宮本美保子、松田照美、野津保恵、馬場モトエ　著作委員＝藤江未沙、石田千津恵

撮影／高木あつ子

＜材料＞ 4人分

隠岐あらめ（乾燥）…40g
ウニ（ビン詰め）…60g
油揚げ…1枚（25g）
にんじん…小1/2本（60g）
油…大さじ2
砂糖…大さじ1
醤油…大さじ3
酒…大さじ2
┌水…1ℓ
└アジ煮干し…70g

隠岐あらめ。細切りと、大きめにカットした幅広がある。写真は細切り

＜つくり方＞

1 あらめはたっぷりの水で戻す。
2 アジの煮干しでだしをとる。苦味のある内臓をとり除き、水にしばらく浸してから火にかけ、沸騰したら弱火で10分ほど煮て、こす。
3 油揚げは油抜きをし、3cm長さのせん切りにする。にんじんは皮をむいて同じ長さのせん切りにする。
4 戻したあらめは水けをきり、細切りはそのまま、幅広は食べやすい大きさに切る。
5 熱した鍋に油を入れ、あらめ、油揚げ、にんじんを入れて炒める。
6 だし汁と調味料を加え、煮汁が少し残る程度まで煮つめ、仕上げにウニを加えて軽く煮る。

〈広島県〉 いぎす豆腐

撮影／高木あつ子

<材料> 12×15cmの流し箱1個分

いぎす（乾燥）…20g
水…4カップ
酢…大さじ3
酢味噌
- 味噌…大さじ2
- 酢…大さじ1
- 砂糖…大さじ1

<つくり方>

1 いぎすを水洗いし、ザルにあげる。
2 鍋に水といぎすを入れ、火にかける。
3 煮立ったら弱火にして、混ぜながら30分くらい煮て酢を加える。
4 万能こし器で**3**をこし、そのあともう一度、さらし布巾を敷いたこし器でこし、流し箱に入れて冷やし固める。
5 固まったら切り、酢味噌で食べる。

三原の沿岸部でお盆や祭りに欠かせない生大豆粉入りのいぎす豆腐。大豆粉と水を合わせた中にいぎすを入れて火にかけ、煮溶かして冷やし固める。写真はにんじんとしらす入り

瀬戸内海に面している県南部に伝わる家庭料理で、海藻のいぎすを水から加熱して煮溶かし、こした液を固めたものです。生大豆粉や野菜、えびなどを加えるつくり方もあり、県内41カ所の調査では、愛媛県との間にある芸予《げいよ》諸島の大《おお》崎上島《さきかみじま》町をはじめ尾道市因島《いんのしま》、福山市、三原市などで食べられていました。

柑橘栽培が多い大崎上島町では、みかんの収穫で親戚が集まったときや祭りには大皿盛りにし、法事ではつき出しにすることも多いそうです。一見、ところてんに似ていますが、いぎすには粘りがあり、食感が違います。ところてんは細長く押し出して夏のおやつにしますが、いぎす豆腐は酢味噌をかけておかずにします。

昔は島の周りの海にはいぎすが自生していて、夏の大潮のときは海岸の石の上に生えているいぎすをとり、洗って干して保存したそうです。今は島の4、5カ所でしかとれなくなり、貴重なものになっています。

協力＝大崎上島町食生活改善推進員協議会
著作委員＝岡本洋子、高橋知佐子

〈愛媛県〉

いぎす豆腐

夏にとれる海藻のいぎすを、生大豆粉とだし汁で煮溶かし、寒天のように固めたものです。生大豆粉を使うのが、愛媛のいぎす豆腐の特徴です。いぎすは県北東部の今治《いまばり》市周辺の島しょ部の海岸の岩場に自生しています。褐色のいぎすは、日に干し、乾いたら水にさらすを3～4回繰り返すと白くなります。このさらして乾燥させたものでいぎす豆腐をつくります。

いぎす豆腐は盆などの仏事やもてなし料理に出したり、冷たく口当たりがよいので夏に食べられたりと、地域の人たちに長く愛されてきました。いりこだしを使うのが特徴で、だしは濃いめの方がおいしいです。大豆の旨みといりこだし、いぎすのわずかなえぐみの相性がよく、大豆粉が入ることで、つるっとした海藻ゼリーにややざらっとした食感が加わり、かむほどに旨みが感じられます。具なしのものと、具を混ぜたものとがあり、混ぜる具も、味つけも家庭によってさまざまで、味わいも違います。

協力＝近藤君子
著作委員＝香川実恵子

＜材料＞ 5～6人分（1ℓ程度の流し缶）

いぎす（乾燥）…15g
生大豆粉…75g
芝エビ…100g（ゆでて殻をむき50g）
芝エビのゆで汁…500mℓ
だし汁*…300mℓ
黒ごま…少々
うす口醤油…大さじ1と2/3
みりん…小さじ2
酢味噌
- 麦味噌…50g
- 酢…大さじ3
- 砂糖…大さじ3
- 練り辛子…少々
- 酒…大さじ2
- みりん…大さじ2

*水500mℓ、いりこ（カタクチイワシの煮干し）25gでとったもの。

いぎすは、瀬戸内海の浅い海の岩に古くから生える海藻（紅藻）で、夏によくとれる。紅藻綱スギノリ目イバラノリ科イバラノリ属。和名はカズノイバラ。エゴノリとは異なる

生大豆粉。加熱処理をしていない乾燥大豆を皮がついたまま粉末にしたもので、地元では手近なところで販売されている

＜つくり方＞

1 いぎすはゴミや小石などを除きながらよく洗ってしぼる。
2 エビはゆでて、殻をむく。ゆで汁500mℓをとっておき、だし汁と合わせる。
3 2のだし汁の一部をとって生大豆粉を溶く。
4 鍋にいぎす、だし汁、生大豆粉の溶いたものを入れ、最初は強火で混ぜながら煮る。
5 いぎすは焦げやすいので沸騰したら火を弱め、溶けるまで木べらなどで底からよく混ぜる（写真①）。溶け始めたら、水分蒸発を防ぐため蓋をして15分ほど煮る。途中で、醤油とみりんを加える。少量でつくる場合は、かたさが狂わないように、加熱時間の始めから終わりまで、蓋をして弱火で煮溶かす。
6 とろとろに溶けたら大鉢や流し缶などに流し入れ、エビを散らし、黒ごまをふり（写真②）、冷やし固める。
7 味噌をすり鉢ですり、残りの調味料を入れて酢味噌をつくる。
8 いぎす豆腐が固まったらひと口大に切り、酢味噌をかけていただく。

◎酢醤油やしょうが醤油でもよい。

切り分けて小皿に盛りつけ、酢味噌をかける

撮影／五十嵐公

〈徳島県〉

あんろくとたけのこの煮物

あんろくは広げると幅1ｍほどにもなる大きな布のような海藻で、広い布《め》で「ひろめ」とも呼ばれます。温暖な太平洋側沿岸の限られた地域にしか分布しておらず、県内では南部の牟岐《むぎ》町以南に生息しています。そのため県南部の一部の地域でしか食べません。収穫時期は2月中旬から約2カ月と短く、昔は素潜りでとっていましたが、だんだんととる人が少なくなり、天日干しの風景も見られなくなってきました。

地元では春を告げる海藻で、わかめと比べると磯の香りが強く、独特の食感がたまらなくおいしいです。生のあんろくは歯ごたえがしっかりとして、乾物のあんろくを戻した場合は、やわらかくてとろみがあります。味噌汁、酢の物、しゃぶしゃぶなどさまざまな食べ方がありますが、一番のおすすめはたけのことの煮物。春一番が吹く頃に浜に出ると、あんろくが岸に打ち上げられているので、それを集めて、はしりのたけのこと一緒に食べると春が来たことを実感します。

協力＝豊崎淑子　著作委員＝三木章江

撮影／長野陽一

<材料> 4人分

あんろく（生）…200g
ゆでたけのこ…400g
木の芽…4枚
うす口醤油…大さじ3弱
砂糖…大さじ2強
みりん…大さじ2
酒…大さじ2
だし汁（煮干し）…4カップ

<つくり方>

1 あんろくは洗って5cm程度の幅に切る。
2 ゆでたけのこは、穂先はくし形に切り、根元の部分は1cm幅の半月切りかいちょう切りにする。
3 鍋にだし汁と調味料、たけのこを入れて火にかけ、煮汁が半分になるまで弱火で煮る。
4 3の中にあんろくを入れさっと火を通し、あんろくが緑色に変わったらとり出す。
5 器にあんろくとたけのこを盛りつけ、木の芽を添える。

＜材料＞ 4〜5人分
ふのり（乾燥）…10g
わけぎ…7〜8本（200g）
ゆでたけのこ…小1本（150g）
酢味噌
- 淡色味噌…大さじ2
- 砂糖…大さじ3
- 酢…小さじ4
- ゆず酢（しぼり汁）…小さじ2
- 白すりごま…小さじ1/2
- おろしにんにく、おろししょうが…耳かき1杯程度

◎ねぎとふのりの組み合わせ、または、ふのりだけでもよい。

◎酢味噌は好みのものでよい。すりごま、にんにく、しょうがも好みで。風味づけは仕上げに針しょうがを添えてもよい。

ふのりの乾燥（左）と生。どちらもゆでると緑色になる

撮影／長野陽一

＜つくり方＞
1 ふのりは水に4〜5分浸してザルにあげ、水をきる。戻すと約4倍になる。
2 わけぎは3cm長さに切り、根元の白い部分は別にする。
3 ゆでたけのこは、食べやすい大きさに切る。
4 湯を沸かし、わけぎの白い部分を入れて1分ほどゆで、緑の葉の部分とふのりを加えて2分ほどゆでる。最後にたけのこを加えて10秒ほどしたら、ザルにあげて湯をきる。
5 4を冷水で冷やし、水をきる。
6 酢味噌の材料を合わせる。水けをしっかりしぼった5と和える。

〈高知県〉
ふのりとわけぎの酢味噌和え

幡多郡黒潮町など県西南部の沿岸地域は、太平洋の荒波で浸食された岩場が続きます。岩場は貝や海藻をとる漁場として生活に欠かせないもので、春、漁が解禁になると、潮が引いた浜辺の岩にへばりついたふのりを手でむしりとるように収穫していきます。子ども同士で磯の浜に遊びに行き、岩にくっついているふのりを貝殻でコリコリとかいでかごに入れてとってくると、母親が味噌汁に入れたり野菜と和えてくれたそうです。子守りをしながらとったという話も聞きます。たくさんとったふのりは、乾燥させて保存してありました。

ふのりは何といってもシャキシャキとした食感が心地よく、生は磯の香りがして、海藻の中でも風味が格段によいものです。とくに酢味噌和えにするときは少しかためにゆでて食感を楽しみます。ふのりだけでも酢味噌和えにしますが、出始めは季節がらわけぎや青ねぎを合わせることが多く、たけのこを組み合わせるとより春らしい一品になります。

協力＝門田米子、小谷鉄夫
著作委員＝福留奈美

〈福岡県〉

おきゅうとの酢の物

おきゅうとは海藻を煮溶かして固めたもので、貝原益軒《かいばらえきけん》の『筑前国続風土記《ちくぜんのくにぞくふどき》』によると、江戸時代・元文《げんぶん》3年(1738年)にはすでに食用としていました。博多弁で「味のあるごつ、なかごつ(味があるようなないような)」といわれますが、淡泊な味わいを好む博多っ子の嗜好に合っているからか、今も根強い人気があります。おきゅうとは買って食べるもので、昔からどこの家でも朝食に欠かせない一品でしたが、酒の肴や夕食のおかずにすることも増えています。

海浜に住む人たちは家庭でつくりました。おもな原料は地元でおきゅうと草と呼ばれるえごのりで、ここにいぎすや、てんぐさを混ぜます。志賀島《しかのしま》では夏、低気圧が近づくと、えごのりに混ぜるてんぐさが南風にのって博多湾側の内海に流れ着き、北風に変わるとえごのりが海水浴場のある外海側の浜へ打ち上げられました。えごのりは6~7月が一番太っており、「今が身の多か」といって、北風の強い日は子どもまでが磯へと急ぎ、日暮れも忘れてとったそうです。

著作委員＝入来寛、三成由美

撮影／長野陽一

＜材料＞ 4人分

おきゅうと…4枚(280g)
酢…1/3カップ
醤油…1/3カップ
薬味(白ごま、小ねぎ、しょうが、かつお節)…1人当たり各3g程度

＜つくり方＞

1 おきゅうとをせん切りにする。
2 酢醤油をかけ、好みの薬味を添えて供す。

◎たれは醤油だけ、またはマヨネーズなど好みでよい。

おきゅうとは小判形に成型したものが市販されていて、これを細く切る

おきゅうとの原料の海藻。右下がえごのりで、時計回りにいぎす、てんぐさ

あえまぜなます

〈長崎県〉

<材料> 4人分

しらも*(乾燥)…15g
┌きゅうり…1/2本
└塩…少々
にんじん…10g
こんにゃく…1/2枚
油揚げ…四角1枚
きくらげ(乾燥)…5g
白ごま…大さじ1
┌だし汁（昆布とかつお節）…50mℓ
A
└砂糖、うす口醤油…各小さじ2
┌砂糖…大さじ2
B 酢、酒…各大さじ1と1/2
└塩…小さじ1/4

*しらも(白藻)。海藻の一種、春に収穫される。

撮影／長野陽一

<つくり方>

1 しらもは水で戻し、1.5cmの長さに切る。きゅうりは3～4cm長さのせん切りにし、塩もみして水で洗い、水けをしぼる。にんじんも3～4cm長さのせん切りにし、さっとゆでる。
2 こんにゃくはゆでてせん切りにする。
3 油揚げは熱湯を通して油抜きをし、開いてせん切りにする。
4 きくらげは水で戻し、せん切りにする。
5 鍋にこんにゃくとAを入れて炒り、油揚げときくらげを加えて炒り上げる。バットなどに広げ、しっかり冷ます。
6 白ごまを炒ってすり鉢ですり、Bを加えてすり混ぜ、5と残りの具を入れて混ぜ合わせる。

◎しらもがない場合は大根150gをきゅうりと同様にせん切りにし、塩もみして使う。

対馬は朝鮮半島にもっとも近い島で、周辺は天然の岩礁が点在し、対馬暖流と大陸沿岸水が交錯して好漁場が形成されています。海藻のしらもは対馬の特産物の一つで春に収穫される紅藻類の一種です。水に20～30分つけて戻し、洗って水けをきり食べやすい大きさに切って、サラダ、酢の物、刺身のつまなどとして食べられています。しらもは寒天の原料にもなり、煮ると溶けてしまいますが、水で戻した場合、そのシャキシャキとした食感が魅力の一つです。このなますはこんにゃく、きくらげの食感も楽しめ、しらもとよく合います。

あえまぜなますは、対馬では、おもにハレの日、宗派を問わず、仏事の際に必ずつくられる料理で、仏事用の本膳、出立《でだ》ちの膳（出棺前の食事）に出されます。近年はにんじんなどを加え、日常的に食べるようにもなってきましたが、仏事のときには赤のにんじんは入れません。しらもが手に入らない場合は塩もみした大根を使います。

協力＝食生活改善推進協議会厳原支部
著作委員＝冨永美穂子

〈大分県〉

くろめの味噌汁

くろめは昆布に似た褐色の海藻で、大分県では大分市や臼杵《うすき》市、津久見市の沿岸部で収穫されます。とくに大分市の東端にある佐賀関の関崎、高島周辺は潮流が速く水質がよいので、ここでとれたものは粘りが強くやわらかいのが特徴です。漁期は新芽が伸びる1月から3月で、収穫量も限られており、漁業権がある人だけがとることのできる食材になっています。

箱めがねと長い柄を使って収穫したくろめは、葉の2、3枚を棒状に巻いて出荷します。家庭ではこの姿のまま小口に切って使います。味噌汁に入れると熱で色がさっと変わり、食べると納豆のような粘りとのど越しで、ふわっと磯の香りがします。味噌汁以外にも生のくろめを熱々のご飯にのせて卵と醤油をかけたくろめご飯にしたり、ゆがいて三杯酢をかけたり、うどんや納豆に入れたりとさまざまに食べられています。冷凍品や乾燥品も年中出回っていますが、生の方が風味も味もよいので、冬の味覚として楽しまれています。

協力＝植木道子、松尾島雄
著作委員＝立松洋子

撮影／戸倉江里

<材料> 1人分

くろめ*（生か冷凍）…30g程度
青ねぎ…2本（5〜10g）
だし汁（いりこ）…180mℓ
合わせ味噌（米味噌と麦味噌）
…大さじ1/2程度

*本州南部、四国、九州の沿岸に生息するコンブ科カジメ属の褐色海藻。葉の2、3枚を1本の棒状に巻いて出荷される。

<つくり方>

1 くろめは棒状のまま、小口切りにする。ねぎは小口切りにする。
2 だし汁を火にかけ、沸騰直前で火を止めて味噌を溶く。くろめを加えてお椀によそい、ねぎを上にのせる。

◎くろめと合わせる味噌汁の具は、その季節の野菜ならなんでもよい。

◎昔は麦味噌だったが、最近は合わせ味噌が一般的になっている。

撮影／長野陽一

<材料> 4人分

刻み昆布（乾燥）…50g
豚肉（塊・腕肉、肩ロースなど）
…120g
こんにゃく…80g
かまぼこ（白）*…50g
だし汁（かつお節）…2と1/2カップ〜
みりん…大さじ1
塩…少々
油…大さじ2
A 砂糖…大さじ2
A 醤油…大さじ2
A 泡盛…大さじ1

*お祝いのときは沖縄の赤かまぼこを使用する。赤い部分と白い部分を切り分け、白い部分は昆布と混ぜて煮る。赤い部分は昆布を盛りつけたあとにのせる。

刻み昆布（乾燥）

刻み昆布（戻した状態）

<つくり方>

1 刻み昆布は洗って水で戻す。水分をたっぷり吸ってピンとのびたら水けをきる。
2 豚肉は塊のままゆでて、細めの短冊に切る。
3 こんにゃくも細めの短冊に切り、一度ゆでる。
4 かまぼこも細めの短冊に切る。
5 鍋に油を熱し豚肉を炒め、Aを入れてからめ、1の昆布を加えて炒め合わせる。
6 全体に油が回ったら昆布の中央にくぼみをつくり、だし汁とみりんを入れ、玉じゃくしでだしを昆布にかけながら昆布がやわらかくなるまで20〜30分、中火で煮こむ。だし汁が足りなくなったら足す。
7 昆布がやわらかくなったらこんにゃくを入れて混ぜ、塩で味を調え、かまぼこを加えて混ぜ合わせて仕上げる。

〈沖縄県〉

クーブイリチー

クーブは昆布、イリチーは炒め煮です。ハレの日の料理として家庭や学校給食で伝え続けられています。昆布を炒めて食べるのは全国的に見ると珍しいと思いますが、時間をかけて昆布にだしを含ませ、ツヤツヤと照りがありしっとりとやわらかく仕上げるので、老若男女に好まれます。つくりたてもおいしく、時間がたって味がなじんだものもまたおいしいものです。30年ほど前までは1枚の昆布を丸めて刻むところからつくりましたが、現在は刻み昆布が手軽に手に入るのでそれを使う家庭も多いようです。

昆布は沖縄ではだしの素材というより食べるものです。沖縄ではとれない昆布ですが、北海道から大阪、薩摩、琉球、中国へとつながる「昆布ロード」の中継地だったために定着したといわれています。季節を問わず伝統的な場面でよく使われ、結び昆布や昆布巻きなど形を変えて重箱やおもてなしに昆布料理が使われます。

協力＝浦崎米子
著作委員＝名嘉裕子、田原美和

いろいろな海藻

海藻は、色の違いから緑藻類、褐藻類、
紅藻類に分類されています。
ここで紹介するのは本書で登場した海藻の一部で、
乾燥前の生の状態です。
流通や保存のために加工したものとは違う、
もとの色や形を見てみましょう。

写真提供／ぼうずコンニャク 藤原昌高

エゴノリ

別名：えご草、えご、いご、おきゅうと草

紅藻類・イギス目イギス科。長さ20～30㎝。先がカギ状で他の海藻にからみつく。イギスと同様に、寒天の原藻とされる。
→p76えご、p86えご、p98おきゅうとの酢の物

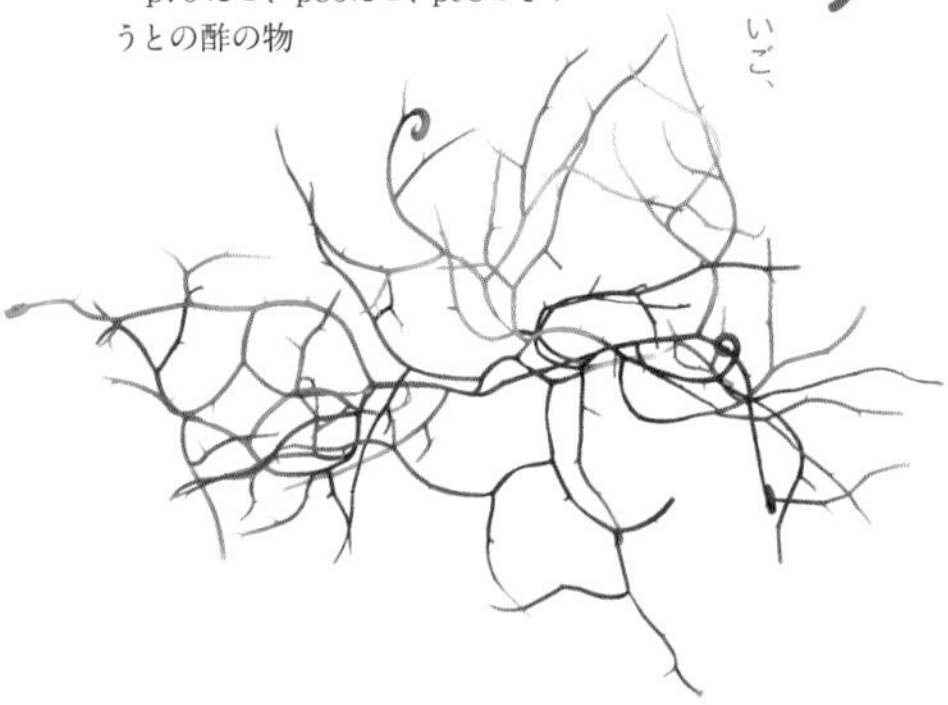

ヒロメ

別名：あんろく

褐藻類・コンブ目チガイソ科。長さ50～80㎝。ワカメに似て、葉は平面で広いが、分かれていない。ワカメと同様に利用する。
→p90ひろめの酢の物、p96あんろくとたけのこの煮物

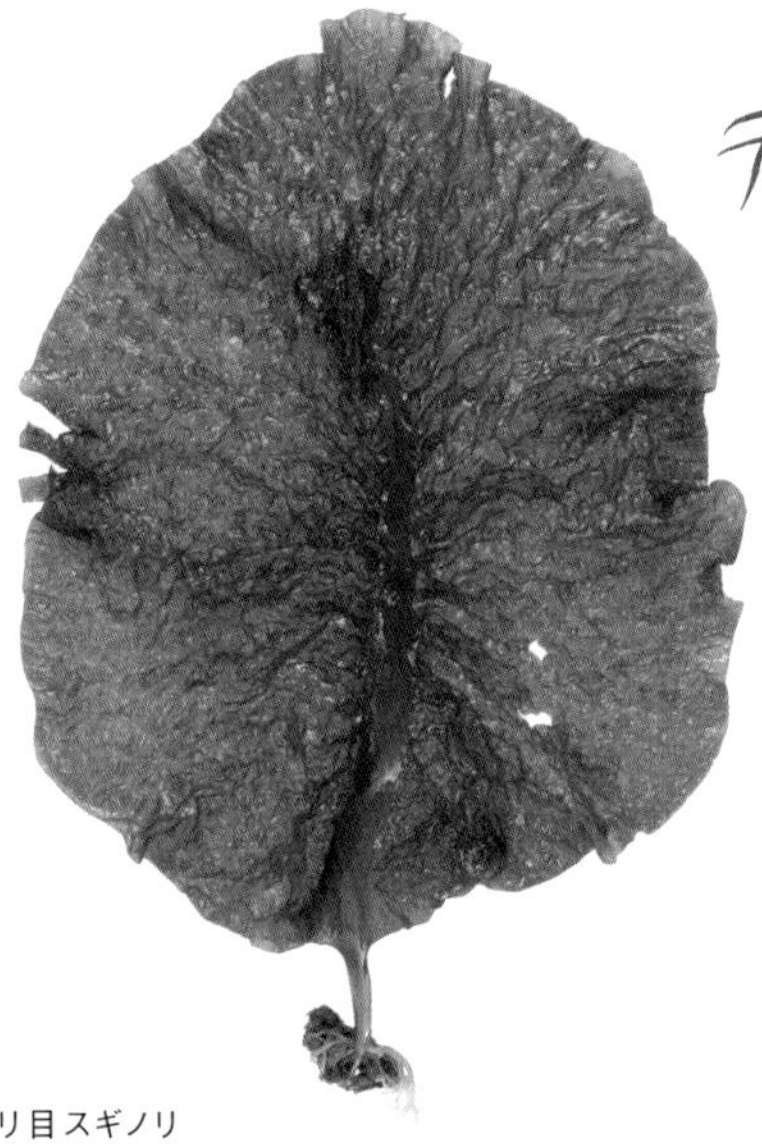

コトジツノマタ

別名：本海藻、かいそう

紅藻類・スギノリ目スギノリ科。長さ10～20㎝。二股に分かれた枝は平らで、先端が琴の弦を支える柱、琴柱（ことじ）に似る。
→p78海藻寄せ、p79かいそう

マフノリ

別名：フノリ

紅藻類・スギノリ目フノリ科。別種のフクロノリもフノリと呼ばれる。長さ3～8㎝。着物の洗い張りや漆喰の糊としても利用されている。
→p97ふのりとわけぎの酢味噌和え

アラメ

褐藻類・コンブ目コンブ科。長さ1～1.5m。葉の表面にしわがある。地方によって別種のクロメ、カジメをアラメと呼ぶことがある。
→p88あらめの炊いたん、p92隠岐あらめの炒め煮

参考文献／『日本の海藻 基本284』（平凡社）、『地域食材大百科 第5巻 魚介類, 海藻』（農文協）　参考HP／市場魚貝類図鑑 ぼうずコンニャク https://www.zukan-bouz.com/

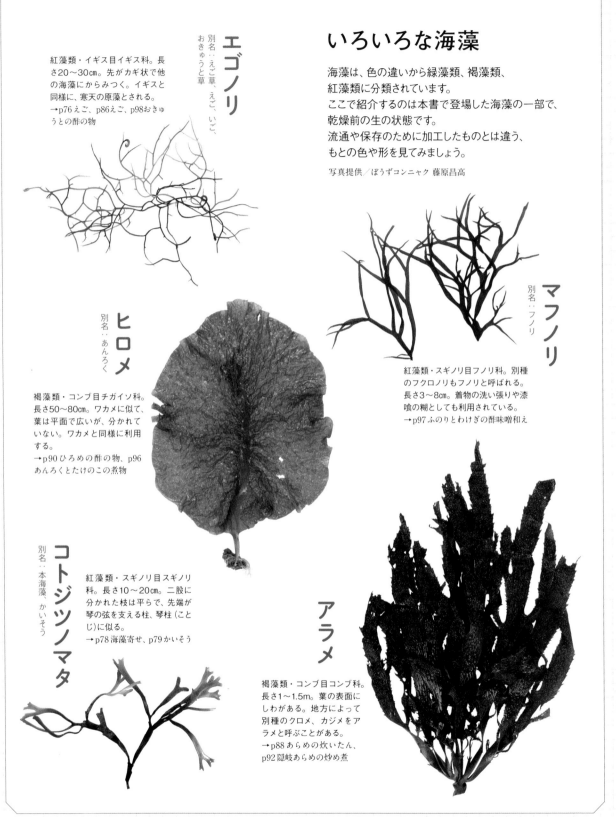

こんにゃく

かつては、こんにゃくは家庭で生いもからつくりました。手づくりのこんにゃくは煮物にすると味がしみやすく、刺身にしても格別です。和え物の具として白和えやくるみ和えも好まれました。地域性のある赤こんにゃく、凍みこんにゃくを使った料理も紹介します。

〈群馬県〉
刺身こんにゃく

群馬県はこんにゃくいもの産地で、国内の90%以上の生産量を誇ります。下仁田町《しもにたまち》と並び県内トップクラスの収穫量がある渋川市では、昭和の初め頃から栽培がさかんとなり、家庭でも生いもこんにゃくがよくつくられました。ざらざらとした生いもこんにゃくは味のしみこみがよく、こんにゃくいもが収穫を迎えると、大きな鍋にこんにゃくをつくり、家庭で常備したり近所に配ったりしました。

こんにゃくいもは素手でさわるとかぶれるため手袋をはめて扱いますが、昔の人はよく素手ですりおろしました。何度もつくっていると、いもの種類や加熱しているときののりの様子から加える水の量や固めるためのソーダの適量がわかるそうで、「だいたいこれくらい」と入れました。でき上がったこんにゃくはゆで汁の中で一晩ねかせるとアク(ソーダ)がよく抜けますが、男衆は「こんにゃくは今夜食う」といい、できたてを刺身こんにゃくや味噌おでんにして、酒の肴にしました。

協力＝冨永光江、田中妙子、星野マサ江、中野アサエ　著作委員＝綾部園子、阿部雅子

<材料>

【生いもこんにゃく】直径18cmの鍋1杯分

こんにゃくいも…200g
湯(約60℃)…1ℓ
┌ 炭酸ナトリウム…10g(こんにゃくいもの5%)
└ 湯(約60℃)…大さじ2

こんにゃくいも。暖かくなると芽が動き出すので、昔は家庭で生いもを薄く切り乾燥させて荒粉(あらこ)をつくり、石臼でひいて精粉(せいこ)にして保存した

【刺身こんにゃく】4人分

生いもこんにゃく…200g
味噌、砂糖、酢…各大さじ2

<つくり方>

【生いもこんにゃく】

1 手袋をしてこんにゃくいもをたわしでよく洗い、3cm程度の乱切りにして皮と芽を丁寧に除く(写真①)。
2 1をミキサーに入れ、湯を加えながら、均一になるまで(約30秒)ミキサーにかける(写真②)。
3 鍋に移し、木じゃくしで混ぜながら中火にかける(写真③)。フツフツと煮立ちのり状になったら火を止め、鍋をおろす。
4 炭酸ナトリウムを分量の湯で溶かす。
5 3の鍋の中が60℃くらいに冷めたら、4の炭酸ナトリウムを少しずつ加えながら手早くかき混ぜる(写真④)。初めはバラバラになるが、一気に混ぜるとやがてなめらかになる(写真⑤)。
6 なめらかになったら空気を抜くように押しながら、表面を平らにする。手に水をつけながら表面をならすとよい(写真⑥)。
7 冷めたら周りから水を少量入れ、手で鍋からはがす(写真⑦)。鍋の中で包丁で適当な大きさに切り、水をたっぷり加えてそのまま20〜30分ゆでてアクを抜く。鍋のまま冷まし、ゆで汁につけて保存する(写真⑧)。

◎できあがりがやわらかすぎたときは、塩ゆでをすると引き締まる。

【刺身こんにゃく】

1 薄くスライスした生いもこんにゃくを、熱湯で10〜15分ゆでてアクを抜く。
2 流水でよく冷まし、水をきって皿に盛る。
3 ボウルに調味料を入れてよく混ぜ、酢味噌(つけだれ)をつくる。
4 こんにゃくに酢味噌をつけながらいただく。

◎よく冷やして食べる。つけだれは、くるみ酢、わさび醤油、ゆずぽん酢なども合う。

撮影／高木あつ子

〈群馬県〉
こんにゃくの白和え

豆腐とすりごまでつくった和え衣と、畑でとれた季節の野菜や手づくりのこんにゃくでつくる白和えは、群馬の家庭に伝え継がれてきた料理です。白い和え衣に色とりどりの野菜が映え、結婚式や年中行事、人寄せの際によくつくられ、口当たりがよいのでお年寄りがいる家庭では日常食としても好まれました。

甘味がある白和えはお茶うけにもなり、農休みで女性たちが集まるときは誰かしら白和えを持参しました。ほうれん草やにんじんがおいしい冬が多いですが、夏にはいんげん、秋には柿、冬には干し柿を入れたものもあり、家庭の味をほめ合います。

おいしく仕上げるコツは、具に下味をつけておくことで、とくに手づくりこんにゃくは味のしみこみがよいのでいっそうおいしくなります。家庭ですぐに食べる場合は、軽く水けをしぼった豆腐で衣をつくりましたが、みんなにふるまうときは湯通しして水けをよくしぼり、時間がたってもおいしく食べられるようにしました。

協力＝田中妙子、冨永光江、星野マサ江
著作委員＝神戸美恵子

撮影／高木あつ子

＜材料＞ 4人分

こんにゃく…1丁
にんじん…2/3本（100g）
A
- 砂糖…40g
- 塩…小さじ1/2
- 醤油…大さじ2
- だし汁（昆布または干し椎茸）*…適量

ほうれん草…1/3束（100g）
豆腐…1丁
白ごま**…大さじ3
B
- 砂糖…40g
- 塩…少々

*魚系は生臭さが出るので精進だしがよい。干し椎茸を使うときは、茶色い白和えにならないよう薄めにだしをとる。

** 洗いごまを炒る方が香りがよくすりつぶしやすい。炒りごまも炒り直した方が香りがよくなる。

＜つくり方＞

1 こんにゃく、にんじんは幅1cm、長さ4〜5cmの短冊切りにし、Aで汁がなくなるまで煮る。
2 ほうれん草はゆでて、1と同じ長さに切る。
3 豆腐は水けをよくきる。
4 ごまを炒ってすり鉢でよくすり、豆腐を入れて再びよくすり混ぜる。ここで丁寧にするとなめらかに仕上がる。Bを入れて混ぜ合わせる。
5 食べる直前に4の中に1と2を入れて混ぜ合わせる。

◎豆腐は四つ切りにして2〜3分ゆがくと水きりが早くなる。

◎和えてから時間がたつと水分が出て水っぽくなるので、食べる直前に混ぜ合わせる。

撮影／長野陽一

＜材料＞ 4人分

赤こんにゃく*…1丁（330g）
花かつお…5g
醤油…大さじ1と1/4
みりん…大さじ1/4
好みで七味唐辛子…適量

*三二酸化鉄で赤く色づけされたほぼ真四角のこんにゃく。滋賀県全域で食べられており、一年を通してスーパーなどで販売されている。

＜つくり方＞

1 赤こんにゃくは十字に包丁を入れて4等分し、それぞれの塊が三角になるように半分に切る。さらに、この塊をそれぞれ6枚に薄切りする。
2 鍋の中に切った赤こんにゃくとかぶるくらいの水（分量外）を入れ、火にかけてゆでる。ゆで上がったら水にとって冷ます。
3 手でもむようにしながら水の中でこんにゃくをよく洗い、ザルにあげて水けをきる。水の中でもむことで味がしみこみやすくなる。
4 こんにゃくを鍋に入れて、少し水けが残るくらいまでから炒りにして、花かつお、醤油、みりんを加え、汁けがなくなるまで混ぜながら煮る。火を止めて、好みで七味唐辛子をふり入れる。

赤こんにゃく煮〈滋賀県〉

近江八幡市で食べられている赤こんにゃくの煮物です。きれいな赤色は縁起がよいので正月料理に欠かせない一品で、昔は年末になるとこんにゃく玉を五つほど縄でくくったものが売られていたり、リヤカーで売りにくる人もいたそうです。祭りや法事などの「なんぞごと」でも赤こんにゃくを炊きました。

独特の赤い色は三《さん》二《に》酸《さん》化《か》鉄《てつ》で色づけされたものです。普通のこんにゃくに比べて鉄が豊富できめが細かく、口触りがなめらかなのが特徴で、薄い三角に切ってゆでてからよくもむことで、かつお節のうま味が十分にしみこみ、シンプルな味つけでもおいしくなります。今回はかつお節と調味料を一緒に入れて煮ましたが、見た目を美しくしたいときには、先に多めのかつお節でだしをとってから、そのだしで煮るとよいです。

他府県の人にとっては珍しい食材で、弁当に入っていると赤レバーかと思い驚かれることもあったそうです。滋賀では突きこんにゃくにしたものも市販され、すき焼きなどに使われています。

協力＝小島朝子　著作委員＝山岡ひとみ

〈山梨県〉

こんにゃく

県最南部の南部町では、こんにゃくは来客のもてなしとしても日常食としても一年中食べますが、こんにゃくを手づくりするのは秋から冬にかけてです。年末につくって、灰汁《あく》の中につけこんでおけば正月を越して10日くらいは保存できます。ゆで水をとっておいて、こんにゃくと一緒にバケツに入れて落とし蓋をしておいてもよいです。

ここでは、一般のこんにゃくづくりに凝固剤として使われるソーダ（炭酸ナトリウム）ではなく、そば殻やそばの茎、稲わら、えごまのわらを燃やしてつくった灰汁を使います。そうして植物由来の灰汁を使ってつくったこんにゃくはゆでこぼさなくても、おだやかな味でそのまま料理に使えます。ポン酢をつけて、刺身のようにつるりといただいてもおいしく、酢味噌にゆずの皮をおろして加えたゆず味噌も風味がよいものです。

協力＝栗田恭子、木村幸子、佐野さとえ、佐野孝子、佐野由美子　著作委員＝柘植光代

＜材料＞ つくりやすい分量

こんにゃくいも…1kg
灰汁*…2カップ

*そば、稲、えごまのわらを燃やした灰5カップに熱湯10カップをかけて（写真①）、できた灰汁をこした薄茶色の液。前もってつくり、ボトルに入れて常温保存しておくとよい。

①

えごまのアク（左）とそばのアク

＜つくり方＞

1 こんにゃくいもはゆでて、こんにゃくいもの約5倍の水を加え、ミキサーで細かくすりつぶす（写真②）。次第にかたくなってくる。いもの皮はむいてもむかなくてもよい。むかないと細かい皮が入り、できあがりが少し黒くなる。

2 灰汁を1に加えて、手袋をして手で入念にこねる（写真③）。

3 鍋にたっぷりの湯を沸かす。2を計量カップなどですくいとり（写真④）、手のひらの大きさに丸める（写真⑤）。湯に入れてかたくなるまで静かに30〜40分ほどゆでる（写真⑥）。

4 とり出して水にさらす（写真⑦）。

◎刺身こんにゃくの食べ方：皿に薄切りにしたこんにゃくを盛り、おろししょうがをのせ、つけだれを添える。つけだれはポン酢（柑橘果汁1：醤油1）、酢味噌（砂糖1：味噌1：酢少々）、辛子醤油など。輪切りのかぼす、練り辛子、ゆずこしょう、練りわさびを薬味にしてもよい。

②

③

④

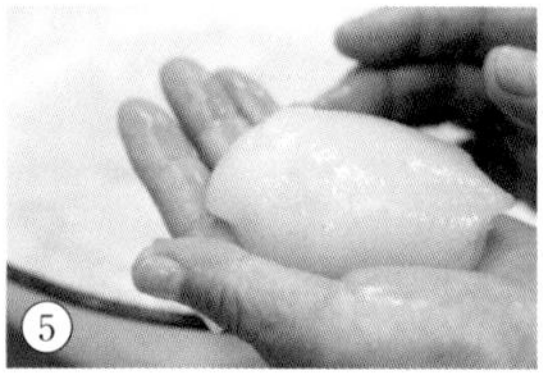
⑤

⑥

⑦

撮影／高木あつ子

〈静岡県〉

こんにゃくの味噌おでん

水窪《みさくぼ》は浜松市の最北部、長野県との県境に位置する山間の集落で、静岡県では数少ない豪雪地帯です。自給自足の生活を送っている農家が多く、味噌もこんにゃくも自家製です。

生いもを使った手づくりこんにゃくは、昔は木灰《きばい》で灰汁《あく》をとり凝固剤にしましたが、最近は水酸化カルシウムや炭酸ナトリウムを使っています。こねるほどに粘りけが強くなり赤みを帯び、自家製ならではの弾力のある食感は格別です。

最近はこんにゃくいもの作付けが減ってきましたが、9月頃にいもが収穫されると昔同様に各家庭でこんにゃくをつくり、つくりたてを刺身のように切って食べたり、煮物や和え物に調理します。秋も深まってくると、手前味噌を使った味噌おでんが食卓に上ります。厳寒期には積雪があるため、温かいおでんは日常的に食されています。味噌は、大豆と米麹を同量でつくる田舎味噌が多いですが、麦麹を使った麦味噌もつくられ、おでん味噌には麦味噌も香ばしくておいしいそうです。

協力＝猪原寿美子　著作委員＝川上栄子

撮影／五十嵐公

<材料>

【こんにゃく】こんにゃく玉5個分

こんにゃくいも…正味300g
ゆで汁（約40℃）*…1〜1.2ℓ
┌ 水酸化カルシウム…3g
└ ゆで汁（約40℃）*…120mℓ

*こんにゃくいもをゆでたときのゆで汁。または、ぬるま湯。

【味噌おでん】4人分

こんにゃく玉…2個（500g）
だし汁（かつお節）…2カップ
おでん味噌
┌ 自家製味噌…40g
└ 三温糖、白砂糖…各20g

こんにゃくいもと、手づくりこんにゃく玉

<つくり方>

【こんにゃく】

1 こんにゃくいもは芽をとり除き、きれいなところだけを2cmの厚さに切る。
2 水から25〜30分ゆでる。竹串で刺してすっと通るようならOK。40分ほど蒸してもよい。
3 ゆで上がったらスプーンなどを使って皮をむく。ゆで汁は捨てない。
4 ゆで汁を加えながら、ミキサーで3をつぶす。
5 4をボウルにあけ、粘りが出るまで手でこねる。
6 ゆで汁で溶いた水酸化カルシウムを入れ、さらにこねる。こねるほどに粘りが強くなる。
7 指のあとがつかないくらいのかたさになったら、直径10cm程度に丸めて90℃以下のお湯で40〜50分、表面がプリっとした感じにまとまるまでゆでる。

◎ゆで汁の中で冷まし、そのまま保存する。

【味噌おでん】

1 鍋に味噌と砂糖を入れて混ぜ、中火から弱火にかけて練り合わせる。これがおでん味噌。
2 こんにゃくをスライスし、だし汁で温める。皿に盛り、上からおでん味噌をかける。

撮影／五十嵐公

<材料> 4人分

こんにゃく玉*…1個
鬼ぐるみ…1/2カップ（50g）
砂糖…大さじ2
塩…小さじ3/4
緑茶（濃くいれる）…大さじ2
*糸こんにゃく（1袋180g）でもよい。

<つくり方>

1 こんにゃく玉をゆでて、太めの短冊に切る。
2 くるみをすり鉢ですり（写真①）、ペースト状になり始めたら冷ました緑茶を入れ、なめらかになるまでする（写真②）。
3 2に砂糖と塩を加えて混ぜる。
4 1のこんにゃくと3の衣を和える。

◎味がまんべんなくなじむように、調味料はすったくるみに加える。こんにゃくには直接加えない。

①

②

〈静岡県〉

こんにゃくのくるみ和え

真っ白な衣でこんにゃくを和えたくるみ和えは、浜松市の水窪《みさくぼ》で、家族が集う正月や冠婚葬祭に欠かせない一品です。ここは山に囲まれた地域のため、血縁、地域の結束が強く、かつての「組合」と呼ばれる住民同士の助け合いの組織が残っている地区もあります。葬儀の際には地域の女性が集まり、くるみ和えなどの精進料理を参列者にふるまいました。

白い和え衣は、すったくるみに緑茶を加えてつくります。この独特の調理方法は水窪で代々伝わってきたもので、くるみをすりながら冷ました緑茶を加えると薄い灰色から白く変化します。水窪ではお茶は江戸時代初期から栽培してきた特産品で、家庭でも屋敷周りの茶の木で緑茶をつくり飲んでいました。屋敷周りにはくるみの木もあり、落ちたくるみの実を拾い、皮（果肉）を腐らせ、洗って干して保存し利用してきました。かための和え衣を薄めるために緑茶を入れた、そんな偶然から白いくるみ和えが生まれたのかもしれません。

協力＝石本静子
著作委員＝川上栄子

〈広島県〉

こんにゃくの刺身

県東北部の神石高原町《じんせきこうげんちょう》でつくられてきた、そばがら（そばの茎）を焼いた灰の灰汁《あく》で固めるこんにゃくです。神石高原町では冠婚葬祭などの行事があると、もちをつき、豆腐、こんにゃくをつくりました。昔は豆腐もこんにゃくもごちそうで、近所の人が亡くなったときに組内の人がするのは、もちをつくことと、こんにゃくと豆腐をつくることでした。

神石高原町で栽培されているこんにゃくいもは日本でも数少ない在来種（和玉《わだま》）で、断面はピンク色、こんにゃくになるコンニャクマンナンの含量が多く、粘りが強く食物繊維が豊富なのが特徴です。

約200年前に油木《ゆき》あたりに導入されたのが神石郡でのこんにゃく栽培の始まりで、本格的に栽培が始まったのは明治後半から大正にかけて。この頃から畑地帯の重要な作物として奨励され、昭和10年代には全国屈指の産地に成長しましたが、現在は高齢化が進み、こんにゃくを育てる人も少なくなっています。

協力＝伊勢村敬子、神石公民館、いきいきふれあい教室　著作委員＝高橋知佐子、石井香代子

撮影／高木あつ子

＜材料＞

【丸こんにゃく】約30個分

こんにゃくいも…1kg
ぬるま湯…4ℓ
そばがらの灰汁…1ℓ
┌ そばがら…2kg
└ 水…バケツ1/3杯（3〜4ℓ）

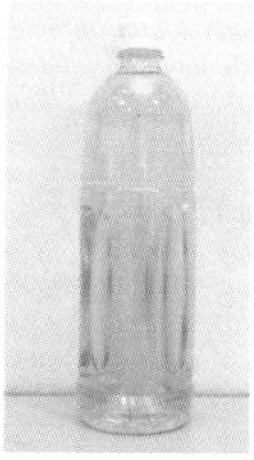

そばがら（写真上）と、そばがらを燃やしてとった灰汁

【こんにゃくの刺身】8〜10人分

丸こんにゃく…5個
つけだれ
┌ 酢…1/2カップ
│ 味噌…60g
└ 砂糖…大さじ3

＜つくり方＞

【そばがらを焼いて灰汁をつくる】

1 そばがらに火をつけて燃やす（写真①）。
2 完全に灰になる前の黒く燃えたものを、水を入れたバケツに入れる（写真②）。
3 一晩おいて上澄みを目の細かい布でこす。急ぐ場合はすぐにでもよい。手でこすりぬるっとしているといい灰汁。

【丸こんにゃくをつくる】

1 こんにゃくいもをきれいに洗い、芽の部分を深く切りとり、大きさをそろえて切る（写真③）。
2 いもが隠れるくらいのぬるま湯（分量外）を加え、箸がすーっと刺さるまで約30分ゆでる（写真④）。
3 ザルにあげ、水をかけて熱をとり、スプーンを使って傷んだところをこそげながら皮をむく。
4 3のいもと分量のぬるま湯を数回に分けてミキサーにかける。
5 4を大きなタライなどに入れ（写真⑤）、マンナン粒子に水分が入りこむようにこねる。目安は粘りが出て、指でつけたすじ（写真⑥）がすっと戻るくらい。すじの戻りが悪いときは水を少し足す。
6 灰汁を入れてさらにこね（写真⑦）、粘りが出たら空気を抜くようにして、表面を平らにして少しおく。
7 手水をつけ丸めた両手ですくうようにしてとり（写真⑧）、形を整え（写真⑨）、両手をゆすってきれいに丸める（写真⑩）。
8 沸騰している湯の中へ入れ、浮き上がってから15分ほどゆでる。全体が白っぽくなり、かたくなったらゆで上がり（写真⑪）。
9 ゆで上がったら火を止め、湯が冷めるまでそのままにする。こんにゃくは冷めると透明感が出てやわらかくなる（写真⑫）。
10 保存はゆで汁の中で。水に入れると傷みやすい。

【こんにゃくの刺身】

1 こんにゃくを湯煮してアクを抜く。
2 半分に切り、食べやすい大きさで、できるだけ薄くスライスする。
3 つけだれの調味料を混ぜ合わせる。
4 大皿に形よく盛りつけ、あればせん切りにしたゆずや、春菊、せり、パセリなどの青味を添える。つけだれや、わさび醤油（分量外）で食べる。

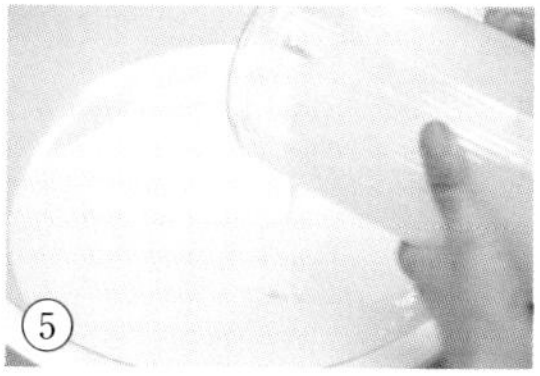

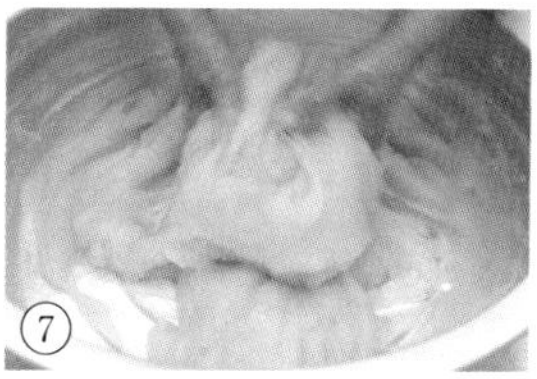

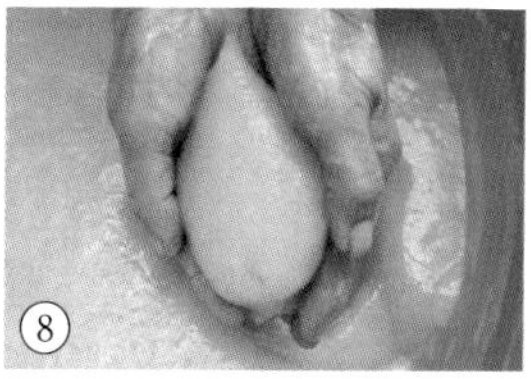

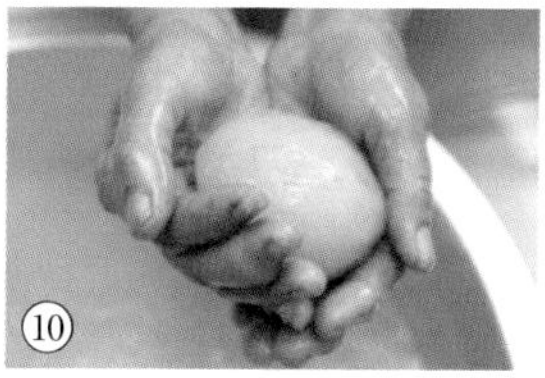

〈茨城県〉

凍《し》みこんにゃくの煮しめ

凍みこんにゃくは大子町《だいごまち》の特産品です。こんにゃくを田んぼに並べ、10日ほど水かけ・天日干しして凍結・解凍を繰り返すことで多孔質（スポンジ状）になり、味の浸透がよく、独特の食感となります。これを葬儀の際、白和えや煮しめの材料として使っていました。

県の北部でこんにゃくの栽培が始まったのは18世紀初めといわれています。小石交じりの地質で南向きの傾斜地の日当たりがよく、水戸藩が栽培を推奨したこともあり、元禄には著名な産地になっていました。江戸時代終わりからは農家の副業として、厳冬の農閑期に凍みこんにゃくが製造され、かなり遠くまで売りさばかれていました。ただ、昭和半ば頃には生産量が減り、山形県の郷土料理（冷や汁）の食材として卸すためだけに製造されるようになり、地元ではほとんど食べられなくなっていました。現在では数軒の業者が製造しており、洋食などの食材としてメニュー開発が進んでいます。

協力＝栗田晋一
著作委員＝渡辺敦子

＜材料＞ 4人分

凍みこんにゃく*…5枚
水…1/2カップ
砂糖…大さじ3
醤油…大さじ3
酒…大さじ2
みりん…大さじ1

*薄く切ったこんにゃくを冬の寒い時期、天日でじっくり凍結乾燥させた加工品。

＜つくり方＞

1 凍みこんにゃくを15分ほど水に浸す。やわらかくなったら2〜3回水を替えて軽くもみ、アクを抜く(写真①)。
2 こんにゃくは軽く水けをしぼり、10〜15分ゆで、また水けをしぼる。
3 こんにゃくを食べやすい大きさに切る。
4 水と調味料を煮立たせ、こんにゃくを加えて煮る。煮汁が少し残っているぐらいで火を止める。

◎凍みこんにゃくはスポンジ状になっており水を含みやすいので、煮る際はしぼって水けをきる。

①

凍みこんにゃくのつくり方

こんにゃくいもからつくったこんにゃくを薄く切り、石灰水に浸す。こんにゃくは通常、水分が9割だが、凍みこんにゃく用は6割。こんにゃく成分が多く濃厚でなければおいしくない。乾燥した寒い日を見計らい、薄切りのこんにゃくを1枚1枚手でわらの上に広げ、干し始めの日は水を何度もかけて石灰分を抜く。翌日からは、朝は溶かすために、昼はちぢみを防ぐために、夕方は凍結させるためにと、1日3回水をかける。干し上がるまでは5〜7日で天気次第。

左から干して1日目のこんにゃく、2日目、5日目の干し上がり。こんにゃくの使用量でいうとこれ1枚で普通の板こんにゃく1枚分にあたる

凍みこんにゃくの料理。奥から煮しめ、卵とじ、きんぴら、フライ

撮影／五十嵐公

地味に見える常備菜には工夫と魅力がぎっしり

本書に掲載されたいも・豆・海藻の料理88品を比較すると、地域特有の調理法や食べ方だけでなく、地域を越えた類似性も見えてきます。レシピを読んで、つくって、食べるときに注目すると面白い、そんな視点を紹介します。

●小さないもも無駄なくおいしく

本書の冒頭では、つやつやと照りよく煮上がった皮つきのじゃがいも料理がいくつも紹介され、見るからにおいしそうです。福島の味噌かんぷら（p8）、石川のかっちり（p11）、富山のてんころ料理（p12）、山梨のせいだのたまじ（p14）、愛媛のヒューヒューいも（p20）です。使ういもは「出荷に向かない」（福島）「もう捨てないといけないような古じゃがいもの、それもごく小さいもの」（石川）「出荷できないピンポン玉くらいの小さなもの」（富山）です。小さいからこそ、皮ごと食べられる調理法が工夫されたのでしょう。福島では県内各地で見られるとしていますが、石川・富山・山梨・愛媛はいずれも、高原地帯や山間部で伝わるものとしていて、米よりもいもが食事の中心だった歴史が背景にあることがうかがわれます。

これらの料理に共通するつくり方は、まずじゃがいもを皮つきで丸ごとゆでる・揚げる・炒めるなどで火を通しています。その後、水は加えないか少量にして、砂糖、醤油などの調味料でやわらかくなるまで弱火で余分な水分を飛ばして甘辛く煮こんでいます。本書からコツを学び、ぜひつくってみたいと思います。

小さないもを無駄なく大事に食べる料理は里芋でも見られます。神奈川のひょっくりいも（p33）は出荷できない小さい里芋やくずいもを使います。小さいいもは皮を包丁でむくと食べるところがなくなりますが、ゆでてからむくと無駄がないといいます。また、宮崎ののたいも（p38）も出荷できないような小いもを使い、皮ごとゆでて熱いうちに皮をつるっとむきます。こうすると里芋がふわっと仕上がり、包丁で皮をむいてからゆでても同じにはならないそうです。

●水さらしをする理由は？

いもを切ったりすりおろしたりした後に、水にさらす作業はよく見られます。これは、一つにはでんぷんを洗い流すことで必要以上の粘りけを抑えたり、長野のいもなます（p16）のようにシャキッとした歯ざわりにする意味があります。もう一つ大きな役割として、いもが茶色に黒ずむ褐変を防ぐことができます。

青森のいもすりだんご汁（p6）では「褐変した水が出なくなるまで水をとり替える」「昔は、じゃがいもを水にさらさなかったため、だんごは黒ずんでいた」という記述があります。いも成分のアミノ酸の一つ、チロシンがポリフェノールオキシダーゼ（酸化酵素）により酸化（褐変）しますが、水にさらすことで空気と遮断され褐色物質の生成が抑制されます。生成した褐色物質も、水を替えることで除かれます。

埼玉の干しいもの煮もの（p23）では、生のまま干したいもを使う場合は、つけ汁がビールみたいな色になってしまうのでゆでこぼすとあります。これも生のまま干したいもではポリフェノールオキシダーゼが活性を失っていないからだと思われます。

●珍しい？　いもや豆の利用法

それぞれの地域では当たり前なのでしょうが、よそから見ると珍しいと思われる利用法がありました。

とろみをつけるのに、かたくり粉（じゃがいもでんぷん）ではなくさつまいもが使われています。長崎のヒカド（p26）は、すりおろしたさつまいもがとろみづけで、寒い日には体が温まる料理だそうです。

沖縄のンムクジプットゥルー（p30）はンム（いも＝甘藷＝さつまいも）のでんぷんが保存食として使われていて、それをだしで溶いて油で炒めた、とろみのあるかたまりです。おやつやおかずとして食べられてきました。

本文には掲載されていませんが、調査の中では、一般的にはさつまいもでつくるきんとんを里芋や田芋でつくる例もありました（写真①、②）。

群馬のくろこ（p10）は、なかなか他では見られない料理ではないでしょうか。高原野菜で有名な嬬恋村で伝えられてきた保存食品で、明治初期の大凶作を契機につくられたものだそうです。じゃがいもからでんぷん（かたくり粉）をとった後のしぼりかすを発酵させ、もみ洗いして沈殿した成分を干したもので、分析すると95％が不溶性食物繊維だということです。かつてはそば粉とこねて焼いたそうですが、現代では揚げることでスナック風の食べ方が開発されているようです。

大豆を炒って粉にしたきな粉に比べると、生大豆粉を使う地域は限られるでしょう。鳥取（p52）では「うちご」と呼ばれる生大豆粉をだんごにしたり、そのまま汁に入れて呉汁にするといいます。

生大豆粉は、海藻のいぎすを固めた寄せ物「いぎす豆腐」によく使われるようで、広島（p93）や愛媛（p94）でも登場します。ただし、鳥取ではだんごや汁には生大豆粉を使っても「いぎす」（p91）には入れないのだそうです。地域それぞれの習慣やこだわりがあって不思議です。

高知の田芋のきんとん（レシピ掲載なし）。高知では里芋を田芋と呼ぶ。砂糖で甘く練り上げ、皿鉢料理の刺身や組み物の料理を食べる合間の口替わりで、酒の供にもなる。（協力・小松利子、岩目博子／著作委員・福留奈美）（撮影／長野陽一）

沖縄の田芋ディンガク（レシピ掲載なし）。ディンガクは田楽の意。誕生日や盆、正月などの祝い事でつくられる。沖縄の田芋はサトイモ科の一種で、南方で栽培されているタロイモに近い。（協力・浦崎米子、大嶺桂子／著作委員・森山克子）（撮影／長野陽一）

●豆を煮るときのポイント

大豆、いんげん豆、ささげ、落花生など、多くの豆でおよそ共通する煮豆のポイントを見てみましょう。

〈3〜4倍の水に一晩から丸一日つける〉

豆が水から出てしまうとしわが寄る、気温が高い時期に長くつけると皮が破れるなどの注意があります。なお、福井の大豆の煮豆（p50）は、水につけずにすぐ、ゆで始めます。やわらかくなるのに2時間ほどかかるようですが、浸漬の時間はかからない方法です。

〈ゆでるとき〉

ゆで汁が沸騰したらアクをとる、またはゆでこぼします。弱火でときどきアクをとりながら、豆がゆで汁から出ないようにゆでます。差し水をするときは、水を加えると豆がかたくなったり、しわができるのでぬるま湯を加えるとよいとする地域もあります。

〈味つけ〉

豆が好みのかたさ（やわらかさ）になったら、砂糖などの調味料を加えて煮つめる方法と、砂糖を2〜3回に分けて甘味を足しながら煮つめる方法があります。また、途中で加熱を止め煮汁に浸し、再度、豆に味がしみこむまで煮つめるやり方もあります。

豆調理は浸すときもゆでるときも、味をしみこませるときも、液体の中です。また、時間をかけて待つのも重要なことがわかります。

手間と時間をかけて煮上げた煮豆は誰にも懐かしい味となります。高知出身の高齢者が、昔、地元で食べた「銀不老」豆の入ったすしをつくってもらったところ、ふだんはあまり話さない人が何時間も昔話をしてくれたというエピソード（p60）が象徴的です。

●大豆か落花生か

落花生を食べる料理も多く紹介されています。千葉の落花生味噌（p66）、神奈川のゆで落花生（p67）、愛知の落花生の煮物（p68）、三重の落花生の煮豆（p69）、長崎のにごみ（p70）、熊本の落花生豆腐（p72）です。

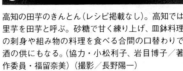

落花生の煮豆は既刊『年取りと正月の料理』にもあり、和歌山のじゃじゃ豆では「この地域は砂地のため開花期にたくさんの水を必要とする大豆を栽培できず、代わりに乾燥に強い落花生をつくって利用してきました」と解説されています。

本書でも、火山灰が堆積した秦野盆地（神奈川）や西三河の碧南市周辺の砂地（愛知）が落花生栽培に適しているという記述があります。熊本も阿蘇地域ということなので、火山灰土壌の土地柄です。既刊『汁もの』に掲載された宮崎の落花生の呉汁も、一般的には大豆でつくる呉汁を落花生でつくります。やはり火山灰土壌の地域でよくつくられていました。日本食における米と大豆の重要性はよくいわれることですが、地域によっては落花生が大豆の役割を一部代替していたことがわかります（写真③、④も参照）。

③
山口のピーナッツの煮豆（レシピ掲載なし）。周防南部の秋穂二島（あいおふたじま）地区でよくつくられた。ふっくらとやわらかくほんのり甘い、薄皮のちょっと渋みのきいた素朴な味。（協力・下瀬幸子／著作委員・園田純子）（撮影／高木あつ子）

④
ピーナッツは殻つきのままよく乾かした後、殻をむいて薄皮の状態でミカンのネットに入れて冷蔵庫に入れて保管する。炊きこみご飯に入れたり、正月には黒豆と一緒に炊いたり、夏、とくに盆にはピーナッツ豆腐にした。（同上）

●海藻利用の地域性

周囲を海に囲まれた日本では、昔から各地で、地域でとれる海藻を利用してきました。海藻は色で分類され、生育場所の浅いところから緑藻類、褐藻類、さらに深くなると紅藻類になります。それぞれの主な海藻と、その中で本書で登場したもの（県名とページ数）をまとめてみました（表）。

海を挟んで対岸の関係になる和歌山と徳島でのひろめや、隣接する茨城と千葉でのコトジツノマタなどは、比較的狭いエリアで特徴的な海藻です。

もっと広いエリアで見ると、本書で登場した例では、いぎすは西日本で多く、寒天は東日本で多く利用されているように見えます。いぎすの寄せ物は大分でもつくられており（写真⑤）、寒天寄せは新潟でも「寄せ豆腐」が既刊『肉・豆腐・麩のおかず』で見られます。詳

⑤
大分の「いぎす」（レシピ掲載なし）。材料のいぎす草は国東市国東町のごく限られた場所で、梅雨の間にとったものでなければすべてを煮溶かすことができないという、稀少な料理になっている。（協力・国見ふるさと展示館／著作委員・西澤千惠子）（撮影／戸倉江里）

表　海藻の分類と本書での掲載

緑藻類	紅藻類
あおさ	あさくさのり（千葉p80）
あおのり	あまのり
みる	いぎす（鳥取p91、広島p93、愛媛p94）
褐藻類	えごのり（秋田p76、長野p86）
あらめ（京都p88）	おごのり
かじめ（くろめ）（大分p100）	コトジツノマタ（茨城p78、千葉p79）
昆布（富山p84、沖縄p101、群馬p81）	しらも（長崎p99）
ひじき（和歌山p89）	てんぐさ
ひろめ（あんろく）（和歌山p90、徳島p96）	とさかのり
まつも（岩手県p77）	ふのり（高知p97）
もずく	むかでのり
わかめ（神奈川p82、京都p87）	寒天（てんぐさ、おごのり）（秋田p74、石川p85）
	おきゅうと（えごのり、いぎす、てんぐさ）（福岡p98）

しく調べることができれば、地域性の背景や海藻利用の文化の異同など比較ができ、興味深いところです。

なお、本書では登場しない緑藻類は、既刊であおさの汁ものや、青のり入りの雑煮やあおさご飯、青のりで風味をつけたもちやあられ、たこ焼きやお好み焼きの例があります。

●海藻でつくる寄せ物

海藻を煮溶かし、固めた寄せ物が各地で見られます。寄せ物に使う海藻は紅藻類に集中しているようです。固まる（ゲル化する）成分と生育場所に何らかの相関関係があると思われます。

固まる成分自体には味はほとんどありませんが、調味料やさまざまな具材を加えたり、酢醤油や酢味噌などをつけて食べられます。これは刺身に代わる精進の一品として冠婚葬祭や盆・法事、正月などに欠かせないものになっていると考えられます。

つくり方はおよそ共通しています。秋田や長野のえごのり（えご草）（p76、86）、鳥取や広島、愛媛のいぎす（p91、93、94）、および茨城と千葉のコトジツノマタ（p78、79）などは約20倍の水を加え、海藻の繊維がやわらかくなるまで煮溶かし、型に入れて冷やし固めてできあがりです。福岡のおきゅうと（p98）は、家でつくるより買って食べるものだそうです。これらの海藻が固まる仕組みと特徴については、次ページの「調理科学の目1」に詳しく解説されています。

広島県のいぎす豆腐（p93）は、ところてんより粘りがあるとされています。水と酢だけで寄せて透明なものと、生大豆粉を混ぜ、にんじんとしらすも入ったいぎす豆腐もあります。瀬戸内海を挟んだ愛媛県のいぎす豆腐（p94）も生大豆粉を煮溶かし、途中でみりんと醤油で味つけし、最後にゆでたエビを散らし固めます。いぎすに生大豆粉を入れるのは、そのことでいぎすが煮溶けやすくなるからともいわれますが、入れない鳥取（p91）や広島の例もあり、詳しいことはわかりません。専門の方のご教示をいただければ幸いです。

なお、紅藻のえごのりやコトジツノマタを具を入れずに寄せた料理が暗褐色になっているのに比べると、広島のいぎす豆腐はほぼ透明です。愛媛の例などを見ると、材料のいぎす自体が脱色されていることもあるようです。

●身近なものでこんにゃくを固める

本書では、海藻からつくる寄せ物と並んで、こんにゃくいもからつくるこんにゃくのつくり方と食べ方も収録されています。他のいもと異なり、そのままでは食べられないこんにゃくいもを、手をかけて食べられるようにしてきた知恵と技が各地で伝承されています。

こんにゃくいもに含まれる多糖類コンニャクマンナンは水を吸収し膨潤します。このときにアルカリ性のこんにゃく凝固剤を加えて加熱すると弾力性のあるゲルになります。こんにゃく凝固剤としては現在は炭酸ナトリウム、水酸化カルシウムなどが使われています。

昔は木灰で灰汁をとり凝固剤に使っていた静岡（p110）、そばや稲、えごまのわらを用いる山梨（p108）、そばがらの灰が燃えつきる前の黒く燃えた灰の灰汁で固める広島（p112）など、こんにゃくの凝固剤の工夫が各地に見られます。これらの草木灰からとる灰汁の主成分は炭酸カリウムで、同じくアルカリ性です。

昔から、こんにゃくや海藻は「お腹の砂おろし」として食べられてきました。今ではそれが各種の食物繊維を中心とした成分による効果であることがわかっています。これらの成分は便通をよくする特定保健用食品に使われ、ほとんど吸収されないノンカロリー食品で、海藻からとれるアガロペクチンのように、コレステロール値の上昇を抑制するなどさまざまな機能性が解明されています。

＊　＊　＊

海藻やいもや豆の料理の多くは、一見地味ですが、常備菜として毎日の献立づくりを助けてくれる一品です。

海藻を煮溶かして固めたり、小さないもやこんにゃくいもを食べられるようにしたりと、身の回り、足元にあるものを何も無駄にせず、どうにかしておいしく食べる方法が連綿と追求されてきました。

これらの多くは、人の集まるところでつくられ、大勢で食べることで家庭の味の交流になり、調理技術の伝承にも役立ってきました。そんな食の知恵が強く感じられる巻になりました。

（長野宏子）

調理科学の目 1

いも・豆・海藻の食感を科学する

大越ひろ（日本女子大学名誉教授）

本シリーズの既刊『米のおやつともち』では「もちもち」とした料理が多数紹介されました。また『野菜のおかず　春から夏』では「シャキシャキ」とさわやかな山菜やずいきの料理が見られました。いも・豆・海藻を扱う本書では、多彩な食感で好まれる食材と料理が紹介されています。

●じゃがいもの食感の変化

イモ類を調理する際には水からゆでるのが基本とされています（※1）。例えば丸ごとのじゃがいもを熱湯に入れると時間的には早く煮えるように思えますが、中まで熱が伝わらないうちに周囲だけがやわらかくなり、煮くずれが生じます。水から入れて熱することで、ゆっくりと熱が中心部まで伝わるため、温度差が小さく、煮上がりが均一になるのです。

煮くずれが生じるのは、じゃがいもの細胞と細胞をつなぎとめるペクチンという物質が、80℃以上になると分解されやすくなるためです。しかし、品種によって煮くずれやすさは異なります。じゃがいもの品種（一般青果用）は30種類くらいあります。煮くずれしやすいのは、でんぷんの多い男爵やきたあかりで、煮上がりはホクホクとした食感になります。

でんぷんの量が少ないメークインは煮くずれしにくく、煮上がりが密で、もっちりとした食感になります。

また、じゃがいもをすりおろすなどして、細胞内からでんぷんをとり出して調理すると、青森の「いもすりだんご汁」（p6）のようなとろみのある汁ができます。

一方、でんぷんを除くことでシャキシャキ（あるいはシャリシャリ）した食感を出すこともあります。せん切りにして水にさらすことで細胞外に出てきたでんぷんを除去し、熱湯に数秒間つけた後、調味液につけるのがいわゆる「梨もどき」です（※1、2）。さっと炒めるだけの長野のいもなます（p16）も似た料理でしょう。

加熱温度が60℃程度になると、じゃがいもの細胞壁にあるペクチンがペクチンメチルエステラーゼという酵素の働きで、分解しにくい構造に変化します。そのため、細胞間の結合が強まり、硬化しシャキシャキとした歯触りになります。「ごりいも化」といわれる現象も同様で、じゃがいもの加熱中にたまたま加熱が中断されて、ゆで汁が約60℃に保たれた場合、あとでゆでても軟化しにくくなるのです。また、じゃがいもの細胞は50～80℃に温められると、半透性（水は通すが溶けている物質は通しにくい）が低下し、調味液も浸透しやすくなります。

●里芋のねっとり感を上手に利用

里芋には粘質物（ぬめり）があります（※3）。これは多糖類のガラクタンとタンパク質が結合したもので、里芋の独特の滑らかさに貢献していますが、ゆでるときの吹きこぼれの要因にもなっています。そこで、1％程度の食塩水で予備加熱し約2分間沸騰させます。こうすると、表面のでんぷんが糊化して吹きこぼれにくくなります。

宮崎ののたいも（p38）や沖縄のドゥルワカシー（p40）のように里芋や田芋をつぶしてねっとりした食感を利用した料理は、粘質物を生かした手法といえます。里芋をつぶし、ひき肉と合わせたつくね団子は、滑らかでまとまりやすいので、咀嚼しやすく、のどにも詰まりにくく、高齢者にも適した料理になります（※4）。

●煮豆の食感

でんぷんが多い（約56％）いんげん

豆やささげなどは、煮るとホクホクした食感になりますが、砂糖を入れて煮ると粘りが加わるので、まとまりがよい煮豆になります。また、そら豆もでんぷんを約56％含んでいるので、鳥取のそら豆のこふき（p63）のように、でんぷんが細胞から分離しやすく、こふき状態になります。

大豆もよく煮豆にされますが、たんぱく質が多く（約34％）、脂質も約20％含まれているためか、甘く煮るよりは醤油や砂糖を使って、ややかために煮ることが多いようです（福井の大豆の煮豆p50など）。また、落花生は脂質が約50％と多いため、煮豆に向かないと思われがちですが、三重県の落花生の煮豆（p69）では、十分に煮こむとホクホクした食感になるとしています。

●固まる紅藻、ぬめる褐藻

海藻は色の違いから大きく紅藻類・褐藻類・緑藻類の3種類に分類されます。紅藻類は赤みがかっていて、水深が比較的深いところに生育しています。太陽の光が届きにくいところで、少ない光でも効率的に光合成を行なうために、赤色の体を持っています。食用になっている種類として、てんぐさやいぎすなどがあり、寒天の材料や、煮溶かして、えご（秋田p76）、いぎす豆腐（鳥取p91、広島p93、愛媛p94）、おきゅうと（福岡p98）などになります。

褐藻類には昆布・わかめ・もずく・ひじきなど多くの食用藻類が含まれます。わかめは緑色に見えますが、加熱前は茶褐色で、ぬめり成分であるアルギン酸が含まれています。もずくの成分であるフコイダンもぬめりのある多糖類です。昆布にも、ヌルヌルする成分であるアルギン酸やフコイダンが含まれています。これらのぬめり成分は水溶性食物繊維として、腸内環境を整えます。

緑色の緑藻類は、主に浅瀬に生育しています。青のり類や、海ぶどう（沖縄）、あおさなどが含まれます。あおさは汁の中でほぐれやすく、わかめのように口中にはりつく危険性もないので、高齢者施設などではみそ汁の具として重宝されています。

●海藻抽出物のゲル化機能

てんぐさやいぎすなどは水と加熱すると成分が溶け出します。これらの溶液は単糖類が鎖状につながった高分子が溶けた状態（図）です（※5）。冷やされると高粘度の溶液になり、どろどろの状態からさらに冷却されると、鎖状の高分子同士がからみ合い、架橋領域で網目ができ、流動性を失い、ゲル状態になります。いぎす豆腐（p93）やえびす（p85）などのように、ゼリー状に固めて使います。

寒天のゲル化機能を持つ素材は、ゼリーの融解温度が比較的高いため、室温でもゲル状態を保っています。しかし口の中で滑らかに溶けるゼラチンゼリーに比べると、砕けやすいゼリーになります。同様に、海藻から抽出されるカラギーナンのゼリーはプルプルした弾力性があり、ゼラチンゼリーと寒天ゼリーの中間的な食感です。カラギーナンのゼリーの融点は高い（60～65℃）ので、ゼラチンのように溶けはしませんが、表面が内部から浸み出した水分でおおわれている（離水が多い）ので、つるんとした舌ざわりです。

ホクホクと煮えたいもや豆は食べごたえのあるおかずになりました。里芋や山芋、海藻の粘りやぬめりは滋養の印として大切にされ、プルプルと固めた寄せ物はハレの日の料理になりました。本書には、そんな多彩な食感で日本食のおいしさを豊かにした食材と、その利用の仕方の知恵が詰まっています。

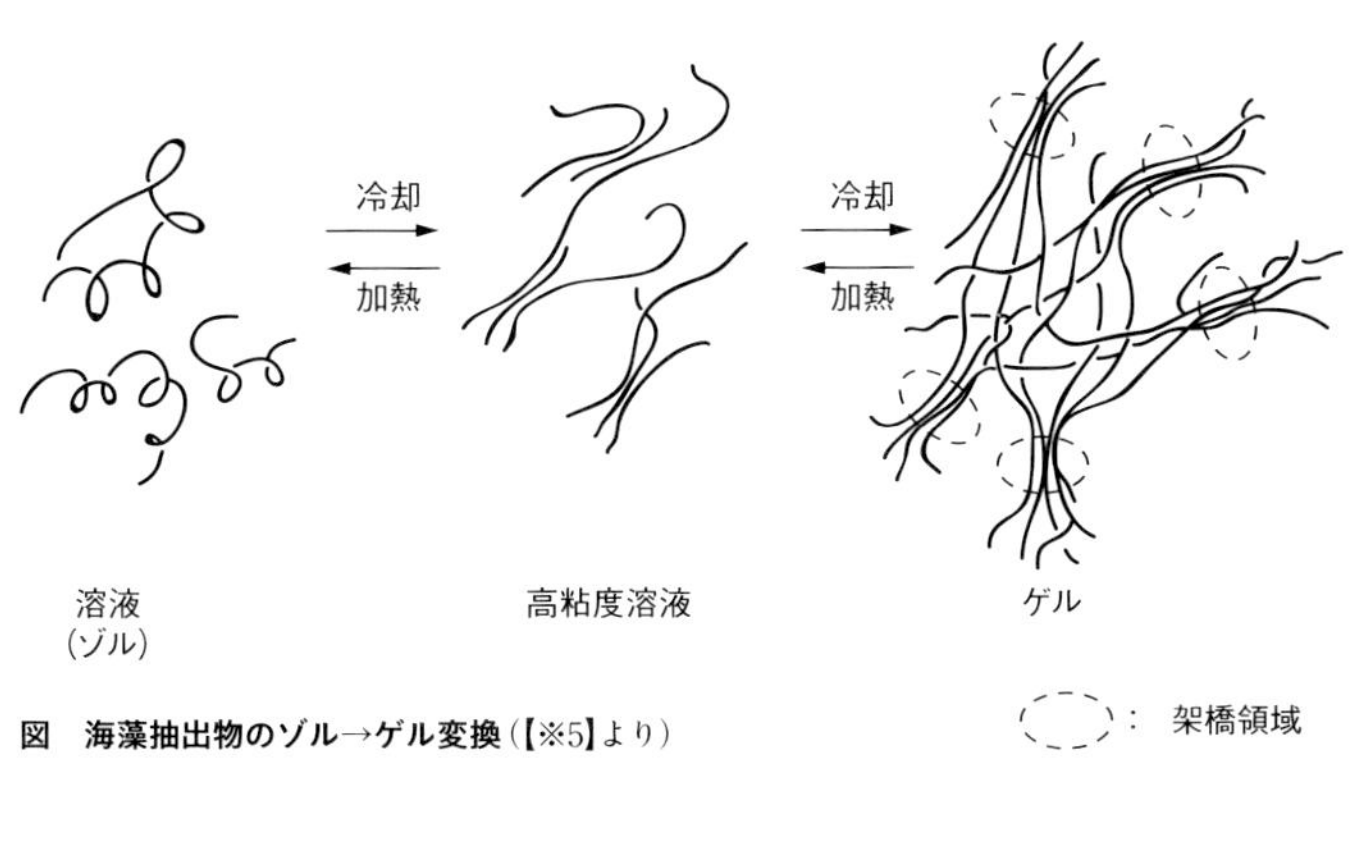

図　海藻抽出物のゾル→ゲル変換（【※5】より）

【※1】渕上倫子「ジャガイモをゆでるのは水から？　お湯から？」日本調理科学会編『料理のなんでも小事典』（講談社）（2008年）
【※2】香西みどり「『ジャガイモの梨もどき』ってなに？」同右『料理のなんでも小事典』
【※3】渕上倫子「サトイモを煮るときのふきこぼれを防ぐには？」同右『料理のなんでも小事典』
【※4】高橋智子ら「芋類を添加した豚肉加工品の力学的特性、咀嚼筋活動、官能評価による食べやすさの評価」『日本家政学会誌』第61巻3号（2010年）
【※5】大越ひろほか編著『新健康と調理のサイエンス』（学文社）（2020年）

調理科学の目２

伝統食材「白みとり豆」の文化と科学

水谷令子（鈴鹿大学名誉教授）

開花期の白みとり豆。花から上に伸びる細長いさやに豆が入る（撮影／飯田津喜美）

白と赤のみとり豆（撮影／筆者）

出合い

「白みとり豆」に初めて出合ったのは、日本調理科学会が平成11年に実施した「調理文化の地域性と調理科学—豆・いも類利用の地域性」の調査でした。三重県鈴鹿市の女性が、「法事には白みとりの甘い煮豆を必ずつくる」と教えてくれました。調査すると三重県内でもこの豆を利用するのは県北の限られた地域だけでした（p65参照）。学名はVigna unguiculataで、英名はBlack-eyed peaまたはCowpea（飼料に利用したことに由来）。中国名は「黒目豆」「眉豆」で生薬として『本草綱目』に記載され、日本では平安時代には「大角豆」、江戸時代には「豇豆」と書いてどちらもササゲと読みました。ササゲ属で同種の豆に「赤みとり豆」「黒みとり豆」があり、地域特有の豆として「みとり（見取り）」と呼ばれることが多いようです。ちなみに関東で赤飯に用いる「ささげ」も赤みとり豆です。

調べる

知人・友人への聞き取り、問い合わせ、内外の現地調査、ウェブ検索などにより、白みとり豆はアフリカ原産の豆で、アフリカ大陸はもちろん、インドやアジア、南北アメリカ大陸などでも広く利用されており、地域によっては主食的な地位にある重要な豆であることがわかりました。都市部の百貨店やスーパー、通販でも輸入豆を入手することができます。

赤みとり豆は白みとり豆と同じように温暖な地域で栽培され、赤飯だけでなく、あんの原料としても広く利用されていましたが、小豆の方が味がよく赤色も濃いとされて価格も下がり、次第に栽培されなくなりました。一方、白みとり豆は法事のお膳や報恩講のお斎《とき》に必須の食材であったことから日常食にも利用され、自家採種して地域の需要に支えられながら栽培され続けてきました。白あんにするとわずかに灰色がかり、手亡豆や輸入のバタービーンに比して白度が劣るとして現在では利用されなくなっています。

期待

白みとり豆はでんぷん質の豆（約66％）で、20℃の水に浸して2倍重量になるのに4時間（小豆は10時間）と吸水が早く、早く煮えます（※1）。この豆の最大の生産国であるアフリカのナイジェリア付近では、スープ、サラダ、ピラフなど多様に利用されています（※2）。ネパールの友人もスープ、カレー、煮込み料理、祝日に神に供えるBhuti Wari（サラダ風の料理）に使う重要な食材だといいます（※3）。現代は豆類利用の多様性が失われ消費量も漸減しています。多収で煮えやすく、多様に利用できる伝統食材白みとり豆の研究をさらに進め、伝統の復活と新たな利用が進む一助となることを願っています。

【※1】飯田・萩原・伊藤・水谷「シロミトリ豆の浸漬による吸水特性について」『三重短期大学生活科学研究会紀要』第59号（２０１１年）
【※2】村中聡「西アフリカのササゲ栽培における品種の多様性と農民の選択」『農業』（大日本農会）１５８７号（２０１４年）
【※3】飯田・萩原・アルチャナ・シュレスタ・水谷「ネパールにおけるシロミトリ豆と豆類の利用」『食生活研究』（食生活研究会）第33巻1号（２０１２年）

都道府県別　掲載レシピ一覧

●1つが掲載したレシピ1品を表します。

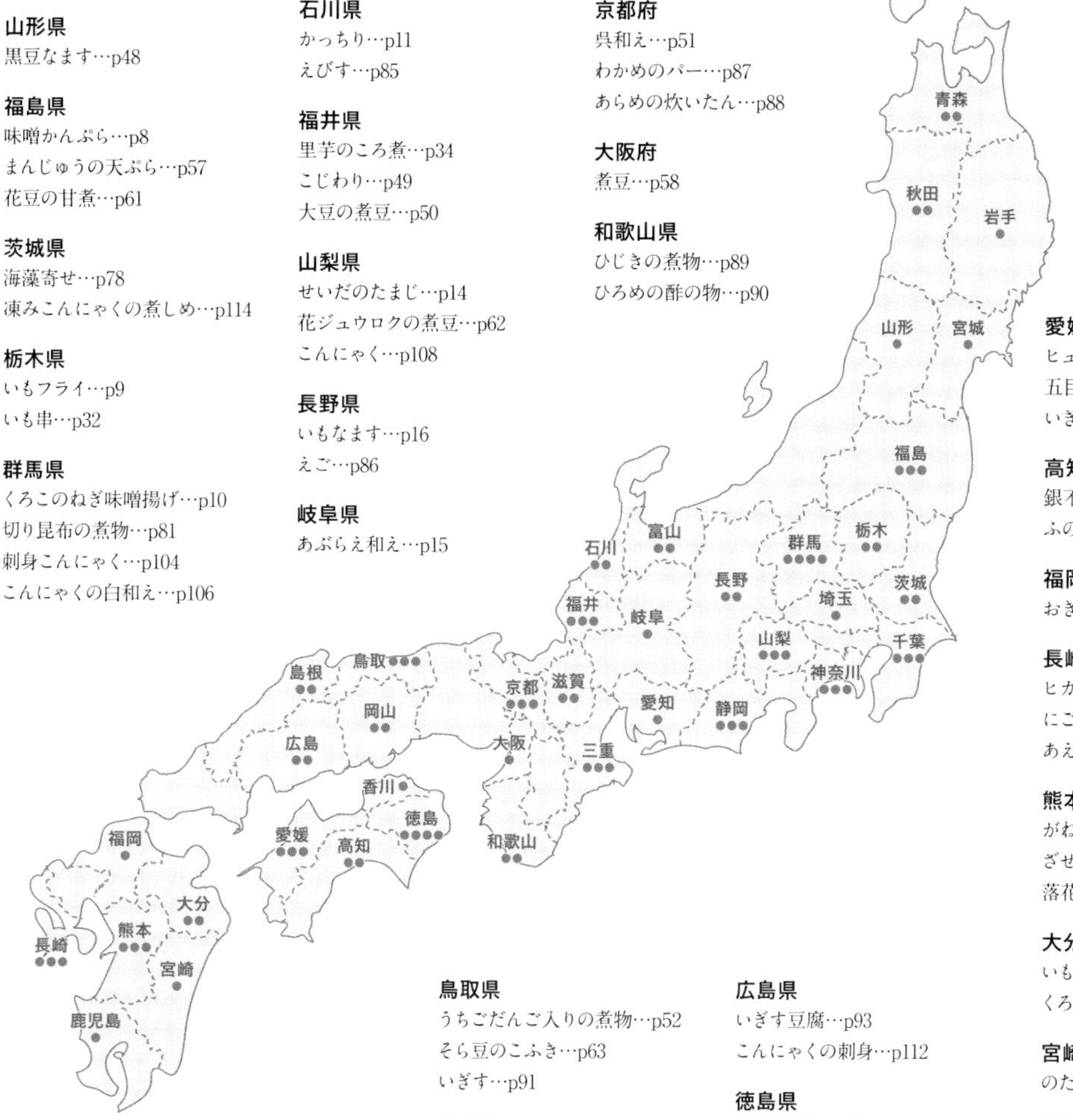

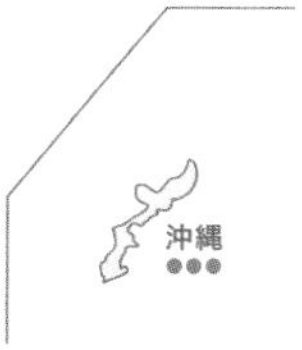

きのこ

大豆加工品

魚介・魚介加工品

肉・卵

種実

穀物加工品

調味料

香辛料

その他

※項目ごとに五十音順。

いも・いも加工品

こんにゃくいも・こんにゃく

豆

海藻・海藻加工品

野菜・野菜加工品

その他の協力者一覧

本文中に掲載した協力者の方々以外にも、調査・取材・撮影等でお世話になった方々は各地にたくさんおいでです。ここにまとめて掲載し、お礼を申し上げます。（敬称略）

青森県　津軽あかつきの会、中南地域県民局地域農林水産部農業普及振興室、上北地域県民局農林水産部農業普及振興室、笹森得子

岩手県　里見美香子

福島県　石井梨絵、三瓶ミヤ子、市村實佐、増子ゆき子、増子美佐子

群馬県　海野西五郎、土屋茂次

茨城県　末廣あゆみ、澤田リエ、岡野聡子

富山県　株式会社四十物昆布

福井県　たんなんJA女性部三代会、土の駅今庄

山梨県　南部町すみれの会、上野原市食生活改善推進員協議会

岐阜県　茶房卯さぎ

愛知県　前浜ひまわりグループ、杉浦千秋

三重県　渥美弘子、川島香代子、渥美静子、鈴木政子

京都府　夜久野町生活研究グループ連絡協議会

大阪府　古谷泰啓・惇子

和歌山県　西牟婁振興局・畑田京子、津軽貞子、坂口照代、小山たきゑ、道畑友子

鳥取県　木村恵美子、小笠原友子、渡部君子、中西ヨシエ、柏木和江

島根県　島根県食生活改善推進協議会、田子ヨシエ、玉田みどり、前田秀子、林信子、西村初美、柴原康子、島根県立大学（平成29・30年度学術研究特別助成金）

広島県　頼育代、新田純子

徳島県　津山節子、井上ヨシカ、佐古宮子、今中テル子、川西伸枝、原田村美、兵崎幸枝、吉野喜子、眞野保子

愛媛県　近藤アケミ、八木頼子、住吉俊治

高知県　上池如夫、大利愛、島崎幸、尾崎栄一、秋山敏信、山本都子

長崎県　対馬市役所健康づくり推進部いきいき健康課、山口鏡子

熊本県　熊本県農林水産部農村振興局むらづくり課、熊本県上天草市経済振興部農林水産課、西原村産業課経済係

宮崎県　西トミ

沖縄県　福原節子

「伝え継ぐ 日本の家庭料理」著作委員一覧

（2021年4月1日現在）

北海道　菅原久美子（元札幌国際大学短期大学部）／菊地和美（藤女子大学）／坂本恵（札幌保健医療大学）／木下教子（北翔大学）／土屋律子（元北翔大学）／藤本真奈美（光塩学園女子短期大学）／村上知子（元北海道教育大学）／山口敦子（天使大学）／佐藤恵（光塩学園女子短期大学）／伊木亜子（函館短期大学）／畑井朝子（元函館短期大学）／宮崎早花（酪農学園大学）／田中ゆかり（光塩学園女子短期大学）

青森県　北山育子（柴田学園大学短期大学部）／安田智子（柴田学園大学短期大学部）／真野由紀子（元東北女子短期大学）／熊谷貴子（青森県立保健大学）／今井美和子（東北栄養専門学校）／澤田千晴（柴田学園大学短期大学部）／下山春香（元東北女子短期大学）

岩手県　髙橋秀子（修紅短期大学）／長坂慶子（岩手県立大学盛岡短期大学部）／魚住恵（元岩手県立大学盛岡短期大学部）／菅原悦子（元岩手大学）／村元美代（盛岡大学）／渡邉美紀子（修紅短期大学）／冨岡佳奈絵（修紅短期大学）／佐藤佳織（修紅短期大学）／阿部真弓（元修紅短期大学）／松本絵美（岩手県立大学盛岡短期大学部）／岩本佳恵（岩手県立大学盛岡短期大学部）

宮城県　高澤まき子（仙台白百合女子大学）／野田奈津実（尚絅学院大学）／和泉眞喜子（元尚絅学院大学）／宮下ひろみ（東都大学）／濟渡久美（尚絅学院大学）／矢島由佳（仙台白百合女子大学）

秋田県　高山裕子（聖霊女子短期大学）／熊谷昌則（聖霊女子短期大学）／長沼誠子（元秋田大学）／山田節子（元聖霊女子短期大学）／三森一司（聖霊女子短期大学）／髙橋徹（秋田県総合食品研究センター）／逸見洋子（元秋田大学）／大野智子（青森県立保健大学）／駒場千佳子（女子栄養大学）

山形県　齋藤寛子（山形県立米沢栄養大学）／宮地洋子（東北生活文化大学短期大学部）／平尾和子（愛国学園短期大学）／佐藤恵美子（元新潟県立大学）

福島県　柳沼和子（郡山女子大学）／加藤雅子（郡山女子大学短期大学部）／會田久仁子（郡山女子大学短期大学部）／中村恵子（福島大学）／津田和加子（桜の聖母短期大学）／福永淑子（文教大学）／阿部優子（元郡山女子大学短期大学部）

茨城県　渡辺敦子（元茨城キリスト教大学）／荒田玲子（常磐大学）／吉田恵子（晃陽看護栄養専門学校）／石島恵美子（茨城大学）／飯村裕子（常磐大学）／野口元子

栃木県　名倉秀子（十文字学園女子大学）／藤田睦（佐野日本大学短期大学）

群馬県　綾部園子（高崎健康福祉大学）／堀口恵子（東京農業大学）／神戸美恵子（桐生大学）／阿部雅子（高崎健康福祉大学）／高橋雅子（共愛学園前橋国際大学短期大学部）／永井由美子（群馬調理師専門学校）／渡邉靜（共愛学園前橋国際大学短期大学部）

埼玉県　島田玲子（埼玉大学）／河村美穂（埼玉大学）／土屋京子（東京家政大学）／加藤和子（東京家政大学）／成田亮子（東京家政大学）／名倉秀子（十文字学園女子大学）／木村靖子（十文字学園女子大学）／松田康子（女子栄養大学）／駒場千佳子（女子栄養大学）／徳山裕美（帝京短期大学）

千葉県　渡邊智子（東京栄養食糧専門学校）／柳沢幸江（和洋女子大学）／今井悦子（聖徳大学（非））／石井克枝（元千葉大学）／中路和子／梶谷節子／大竹由美

東京都　加藤和子（東京家政大学）／宇和川小百合（東京家政大学）／赤石記子（東京家政大学）／伊藤美穂（十文字学園女子大学）／色川木綿子（東京家政大学）／大久保洋子（元実践女子大学）／香西みどり（元お茶の水女子大学）／佐藤幸子（実践女子大学）／白尾美佳（実践女子大学）／成田亮子（東京家政大学）

神奈川県　櫻井美代子（元東京家政学院大学）／大越ひろ（元日本女子大学）／増田真祐美（成立学園高等学校）／大迫早苗（相模女子大学短期大学部）／酒井裕子（相模女子大学）／清絢／小川暁子（神奈川県農業技術センター）／河野一世（奈良食と農の魅力創造国際大学校）／津田淑江（元共立女子短期大学）

新潟県　佐藤恵美子（元新潟県立大学）／太田優子（新潟県立大学）／立山千草（新潟県立大学）／山口智子（新潟大学）／伊藤直子（元新潟医療福祉大学）／玉木有子（大妻女子大学）／伊藤知子（新潟県栄養士会）／小谷スミ子（元新潟大学）／山田チヨ（新潟県栄養士会）／松田トミ子（新潟県栄養士会）／長谷川千賀子（悠久山栄養調理専門学校）／渡邊智子（東京栄養食糧専門学校）

富山県　守田律子（元富山短期大学）／深井康子（元富山短期大学）／中根一恵（富山短期大学）／原田澄子（金沢学院短期大学）／稗苗智恵子（富山短期大学）

石川県　新澤祥惠（北陸学院大学短期大学部）／川村昭子（元金沢学院短期大学）／中村喜代美（北陸学院大学短期大学部（非））

福井県　佐藤真実（仁愛大学）／森恵見（仁愛女子短期大学）／谷洋子（元仁愛大学）／岸松静代（元仁愛女子短

期大学）

山梨県　時友裕紀子（元山梨大学）／柘植光代（元日本女子大学）／阿部芳子（元相模女子大学）／松本美鈴（元大妻女子大学）／坂口奈央（山梨県立甲府城西高等学校）

長野県　中澤弥子（長野県立大学）／吉岡由美（元長野県短期大学）／高崎禎子（信州大学）／小木曽加奈（長野県立大学）／小川晶子（長野県立大学）

岐阜県　堀光代（岐阜市立女子短期大学）／西脇泰子（元岐阜聖徳学園大学短期大学部）／長屋郁子（岐阜市立女子短期大学）／坂野信子（東海学園大学（非））／木村孝子（東海学院大学）／辻美智子（名古屋女子大学）／横山真智子（各務原市立鵜沼中学校）／山根沙季（中京学院大学短期大学部）／長野宏子（元岐阜大学）

静岡県　新井映子（元静岡県立大学）／高塚千広（東海大学）／市川陽子（静岡県立大学）／伊藤聖子（梅花女子大学）／神谷紀代美（浜松調理菓子専門学校）／川上栄子（元常葉大学）／清水洋子（元静岡英和学院大学短期大学部）／竹下温子（静岡大学）／中川裕子（実践女子大学）／村上陽子（静岡大学）

愛知県　西堀すき江（元東海学園大学）／小出あつみ（名古屋女子大学）／近藤みゆき（名古屋文理大学短期大学部）／石井貴子（名古屋文理大学短期大学部）／小濱絵美（名古屋文理大学短期大学部）／加藤治美（元名古屋文理栄養士専門学校）／山内知子（元名古屋女子大学）／松本貴志子（元名古屋女子大学短期大学部）／間宮貴代子（名古屋女子大学）／伊藤正江（至学館大学）／森山三千江（愛知学泉大学）／山本淳子（愛知学泉短期大学）／野田雅子（愛知淑徳大学（非））／廣瀬朋香（元東海学園大学）／亥子紗世（元東海学園大学）／筒井和美（愛知教育大学）／羽根千佳（元東海学園大学）

三重県　磯部由香（三重大学）／飯田津喜美（三重短期大学）／水谷令子（元鈴鹿大学）／成田美代（元三重大学）／平島円（三重大学）／久保さつき（元鈴鹿大学）／鷲見裕子（元高田短期大学）／乾陽子（鈴鹿大学短期大学部）／駒田聡子（皇學館大学）／阿部稚里（三重短期大学）／奥野元子（元島根県立大学短期大学部）／萩原範子（元名古屋学芸大学短期大学部）／小長谷紀子（安田女子大学）

滋賀県　中平真由巳（滋賀短期大学）／山岡ひとみ（滋賀短期大学）／石井裕子（武庫川女子大学（非））／小西春江（園田学園女子大学短期大学部）／久保加織（滋賀大学）／堀越昌子（元滋賀大学）

京都府　豊原容子（京都華頂大学）／湯川夏子（京都教育大学）／桐村ます美（元成美大学短期大学部）／河野篤子（元京都女子大学）／坂本裕子（京都華頂大学）／福田小百合（京都文教短期大学）／米田泰子（元京都ノートルダム女子大学）

大阪府　東根裕子（甲南女子大学）／八木千鶴（千里金蘭大学）／阪上愛子（元堺女子短期大学）／澤田参子（元奈良文化女子短期大学）／原知子（滋賀短期大学）／山本悦子（元大阪夕陽丘学園短期大学）

兵庫県　田中紀子（神戸女子大学）／片寄眞木子（元神戸女子短期大学）／坂本薫（兵庫県立大学）／富永しのぶ（兵庫大学）／本多佐知子（元金沢学院短期大学）／中谷梢（関西福祉科学大学）／作田はるみ（神戸松陰女子学院大学）／原知子（滋賀短期大学）

奈良県　喜多野宣子（大阪国際大学）／志垣瞳（元帝塚山大学）／三浦さつき（奈良佐保短期大学）／島村知歩（奈良佐保短期大学）

和歌山県　青山佐喜子（元大阪夕陽丘学園短期大学）／三浦加代子（園田学園女子大学）／川原﨑淑子（元園田学園女子大学短期大学部）／橘ゆかり（神戸松蔭女子学院大学）／川島明子（園田学園女子大学）／千賀靖子（元樟蔭東短期大学）

鳥取県　松島文子（元鳥取短期大学）／板倉一枝（鳥取短期大学）

島根県　石田千津恵（島根県立大学）／藤江未沙（松江栄養調理製菓専門学校）

岡山県　藤井わか子（美作大学短期大学部）／青木三恵子（高知大学（客））／小川眞紀子（ノートルダム清心女子大学）／槇尾幸子（元中国学園大学）／大野婦美子（元くらしき作陽大学）／藤堂雅恵（美作大学）／人見哲子（美作大学）／新田陽子（岡山県立大学）／我如古菜月（福山大学）／加賀田江里（中国短期大学）／藤井久美子（山陽学園大学）

広島県　岡本洋子（元広島修道大学）／村田美穂子（広島文化学園短期大学）／渡部佳美（広島女学院大学）／石井香代子（福山大学）／奥田弘枝（元広島女学院大学）／海切弘子（広島文化学園短期大学）／上村芳枝（元比治山大学）／木村留美（広島国際大学）／近藤寛子（福山大学）／渕上倫子（元福山大学）／前田ひろみ（広島文化学園短期大学）／木村安美（九州大学）／高橋知佐子（元福山大学）／塩田良子（広島文教大学）／政田圭子（元鈴峯女子短期大学）／小長谷紀子（安田女子大学）／山口享子／北林佳織（比治山大学）

山口県　五島淑子（山口大学）／園田純子（山口県立大学）／池田博子（元西南女学院大学短期大学部）／櫻井菜穂子（元宇部フロンティア大学短期大学部）／廣田幸子（山陽学園短期大学）／福田翼（水産大学校）／山本由美（元池坊短期大学）／森永八江（山口大学）

徳島県　高橋啓子（四国大学）／金丸芳（徳島大学）／松下純子（徳島文理大学短期大学部）／長尾久美子（徳島文理大学短期大学部）／近藤美樹（徳島文理大学）／後藤月江（四国大学短期大学部）／三木章江（四国大学短期大学部）／川端紗也花（四国大学）／坂井真奈美（徳島文理大学短期大学部）

香川県　次田一代（香川短期大学）／加藤みゆき（元香川大学）／川染節江（元明善短期大学）／村川みなみ（香川短期大学）／渡辺ひろ美（香川短期大学）

愛媛県　亀岡恵子（松山東雲短期大学）／宇高順子（愛媛大学）／香川実恵子（松山東雲女子大学（非））／武田珠美（熊本大学）／皆川勝子（元松山東雲短期大学）

高知県　小西文子（東海学院大学）／五藤泰子（元東海学院大学）／野口元子／福留奈美（東京聖栄大学）

福岡県　三成由美（中村学園大学）／松隈美紀（中村学園大学）／宮原葉子（中村学園大学）／入来寛（中村学園大学）／御手洗早也伽（中村学園大学）／熊谷奈々（中村学園大学）／大仁田あずさ（元中村学園大学）／八尋美希（近畿大学九州短期大学）／秋永優子（福岡教育大学）／川島年生（元中村学園大学）／新冨瑞生（九州女子大学）／末田和代（元精華女子短期大学）／楠瀬千春（九州栄養福祉大学）／仁後亮介（中村学園大学短期大学部）／吉岡慶子（元中村学園大学）／猪田和代（太刀洗病院）／山本亜衣（九州女子大学）

佐賀県　西岡征子（西九州大学短期大学部）／副島順子（元西九州大学）／武富和美（西九州大学短期大学部）／萱島知子（佐賀大学）／成清ヨシヱ（元西九州大学短期大学部）／橋本由美子（西九州大学短期大学部（非））

長崎県　冨永美穂子（広島大学）／久木野睦子（活水女子大学）／石見百江（長崎県立大学）

熊本県　秋吉澄子（尚絅大学短期大学部）／北野直子（元熊本県立大学）／戸次元子（老健施設もやい館）／川上育代（尚絅大学）／原田香（尚絅大学短期大学部）／中嶋名菜（熊本県立大学）／小林康子（尚絅大学短期大学部）／柴田文（尚絅大学短期大学部）

大分県　西澤千惠子（元別府大学）／篠原壽子（元東九州短期大学）／立松洋子（元別府大学短期大学部）／望月美左子（別府溝部学園短期大学）／高松伸枝（別府大学）／宇都宮由佳（学習院女子大学）／山嵜かおり（東九州短期大学）／麻生愛子（東九州短期大学）

宮崎県　篠原久枝（宮崎大学）／長野宏子（元岐阜大学）／磯部由香（三重大学）／秋永優子（福岡教育大学）

鹿児島県　木之下道子（鹿児島純心女子大学）／木下朋美（鹿児島県立短期大学）／進藤智子（鹿児島純心女子短期大学）／山崎歌織（鹿児島女子短期大学）／木戸めぐみ（鹿児島女子短期大学）／大倉洋代（鹿児島女子短期大学（非））／大富あき子（東京家政学院大学）／大山典子（鹿児島純心女子短期大学）／新里葉子（鹿児島純心女子大学）／福元耐子（鹿児島純心女子大学）／山下三香子（鹿児島県立短期大学）／大富潤（鹿児島大学）／竹下温子（静岡大学）／千葉しのぶ（千葉しのぶ鹿児島食文化スタジオ）／久留ひろみ（奄美食育食文化プロジェクト）／森中房枝（長崎純心大学）

沖縄県　田原美和（琉球大学）／森山克子（元琉球大学）／喜屋武ゆりか（沖縄大学）／大城まみ（琉球大学）／名嘉裕子（デザイン工房美南海）

冬の早朝の田んぼ（茨城県大子町）　写真／五十嵐公

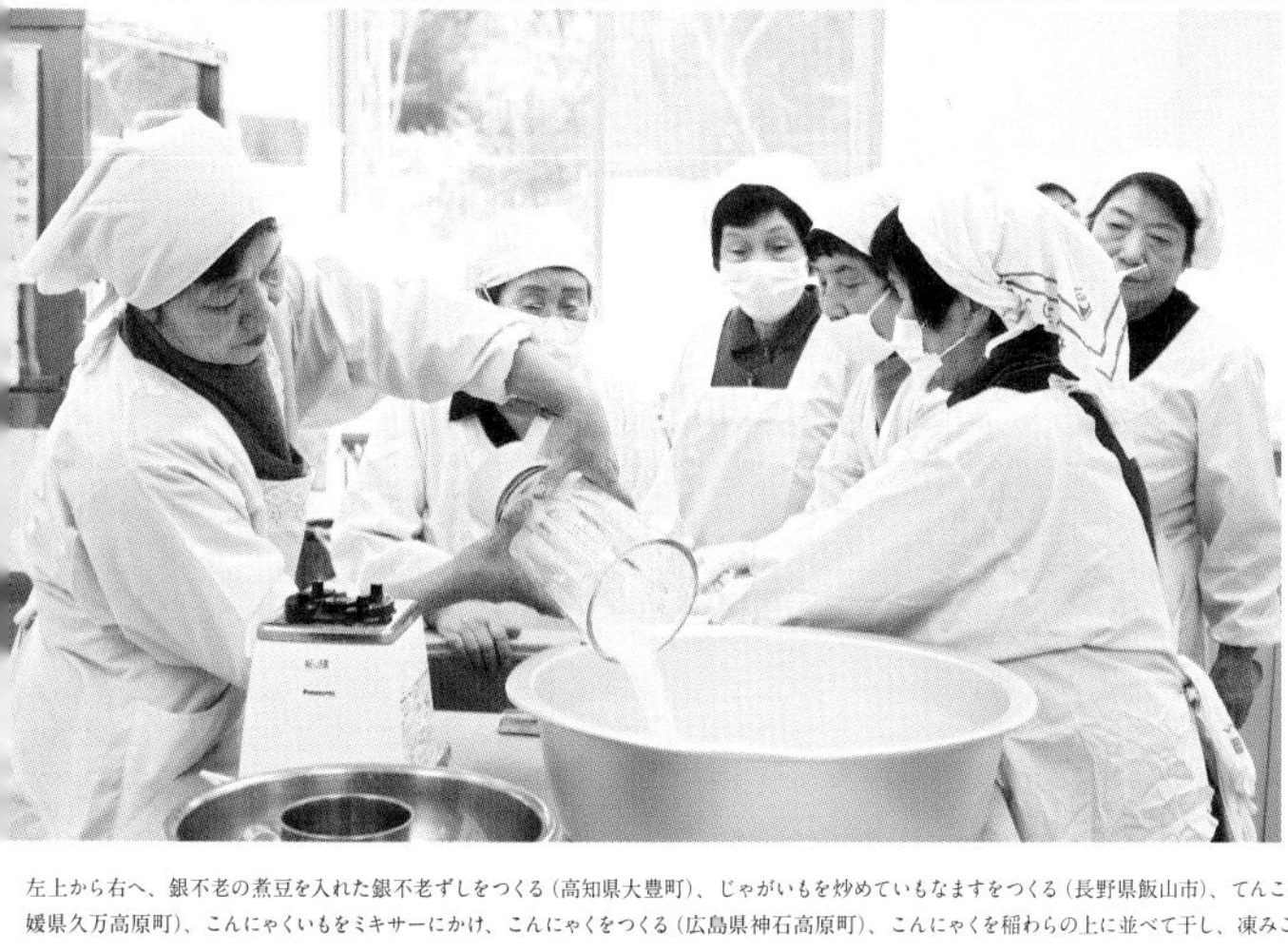

左上から右へ、銀不老の煮豆を入れた銀不老ずしをつくる（高知県大豊町）、じゃがいもを炒めていもなますをつくる（長野県飯山市）、てんころ料理のじゃがいもを煮つめる（富山県富山市）、昆布巻きを煮る（富山県黒部市）、ヒューヒューいもにふる、山椒の実をすりつぶす（愛媛県久万高原町）、こんにゃくいもをミキサーにかけ、こんにゃくをつくる（広島県神石高原町）、こんにゃくを稲わらの上に並べて干し、凍みこんにゃくをつくる（茨城県大子町）　写真／長野陽一、高木あつ子、五十嵐公

全集

伝え継ぐ 日本の家庭料理

いも・豆・海藻のおかず

2021年12月10日　第1刷発行

企画・編集

一般社団法人 日本調理科学会

発行所

一般社団法人 農山漁村文化協会

〒107-8668 東京都港区赤坂7-6-1

☎ 03-3585-1142（営業）

☎ 03-3585-1145（編集）

FAX 03-3585-3668

振替 00120-3-144478

http://www.ruralnet.or.jp/

アートディレクション・デザイン

山本みどり

制作

株式会社 農文協プロダクション

印刷・製本

凸版印刷株式会社

＜検印廃止＞

ISBN978-4-540-19191-6

本扉裏写真／長野陽一（p84 富山県・昆布巻き）

扉写真／長野陽一（p5、44）、高木あつ子（p73）、五十嵐公（p103）

本書は「別冊うかたま」2021年6月号を書籍化したものです。

「伝え継ぐ 日本の家庭料理」出版にあたって

一般社団法人 日本調理科学会では、2000年度以来、「調理文化の地域性と調理科学」をテーマにした特別研究に取り組んできました。2012年度からは「次世代に伝え継ぐ 日本の家庭料理」の全国的な調査研究をしています。この研究では地域に残されている特徴ある家庭料理を、聞き書き調査により地域の暮らしの背景とともに記録しています。

こうした研究の蓄積を活かし、「伝え継ぐ 日本の家庭料理」の刊行を企図しました。全国に著作委員会を設置し、都道府県ごとに40品の次世代に伝え継ぎたい家庭料理を選びました。その基準は次の2点です。

①およそ昭和35年から45年までに地域に定着していた家庭料理

②地域の人々が次の世代以降もつくってほしい、食べてほしいと願っている料理

そうして全国から約1900品の料理が集まりました。それを、「すし」「野菜のおかず」「行事食」といった16のテーマに分類して刊行するのが本シリーズです。日本の食文化の多様性を一覧でき、かつ、実際につくることができるレシピにして記録していきます。ただし、紙幅の関係で掲載しきれない料理もあるため、別途データベースの形ですべての料理の情報をさまざまな角度から検索し、家庭や職場、研究等の場面で利用できるようにする予定です。

日本全国47都道府県、それぞれの地域に伝わる家庭料理の味を、つくり方とともに聞き書きした内容も記録することは、地域の味を共有し、次世代に伝え継いでいくことにつながる大切な作業と思っています。読者の皆さんが各地域ごとの歴史や生活習慣にも思いをはせ、それらと密接に関わっている食文化の形成に対する共通認識のようなものが生まれることも期待してやみません。

日本調理科学会は2017年に創立50周年を迎えました。本シリーズを創立50周年記念事業の一つとして刊行することが日本の食文化の伝承の一助になれば、調査に関わった著作委員はもちろんのこと、学会として望外の喜びとするところです。

2017年9月1日

一般社団法人 日本調理科学会　会長　香西みどり

＊なお、本シリーズは聞き書き調査に加え、地域限定の出版物や非売品の冊子を含む多くの文献調査を踏まえて執筆しています。これらのすべてを毎回列挙することは難しいですが、今後別途、参考資料の情報をまとめ、さらなる調査研究の一助とする予定です。